頭がよくなる朝15分学習法

ふくもとさわこ

ダイヤモンド社

頭がよくなる朝15分学習法

はじめに

「朝15分学習法」は、何歳でも、明日からすぐ始められる、子どもみんなが賢くなるメソッド

お母さんは、テスト前なのに勉強もせずゴロゴロして、スマートフォンをいじっている子どもを見ると、ついイライラしてしまうものです。そして、つい言ってしまいます。

「勉強しなさい!!」

しかし、子どもは親に勉強しなさいと言われるほど、勉強したくなくなる生き物です。「うるさいなあ」と言いながらも机に向かってくれればいいほう。でも、もしかしたら勉強しているふりだけかもしれません。

もしくは「今やろうと思っていたのに！」と怒りだし、かえって勉強が手につかなくなり、フテ寝してしまう子もいるでしょう。

子どもは子どもなりに「やらなきゃ」とは思っているのです。しかし、どんなことも始めるにはエネルギーが要ります。そろそろやらなきゃ…とノロノロと腰を上げようとしたところに親から「勉強しなさい！」と言われると、つい「やろうと思っていたのに！」と反発してしまうのです。

親が子どもに「勉強してほしい」と言うのは、「子どもには幸せな人生を歩んでほしい」と願っているから。自分が勉強してきた親はもちろん、自分があまり

「今やろうと
思っていたのに！」

一生懸命勉強してこなかった親も、「大人になってから後悔したから、子どもに同じ思いをさせたくない」と教育熱心になるケースは少なくありません。

勉強してきた親も、してこなかった親も、「基礎学力」が足りないとさまざまな場面で苦労することを知っています。だから自分の子どもには、まず目の前の勉強に真面目に取り組んでほしいのです。

どうすれば自分から率先して勉強する子どもになるのか。地頭が良くて感情のコントロールができる、いわゆる〝賢い子〟に育てる秘訣は何なのか…。子どもを持つ親の悩みは尽きません。

そんな親御さんたちに私が提案しているのが、「朝15分学習法」。毎日、朝ご飯を食べる前に15分だけ学習するという学習法です。毎朝の15分を習慣化すれば、学習することが当たり前になり、親があれこれ言わなくても自主的に学習するようになるのです。

何歳でも、明日からすぐ始められる、子どもみんなが賢くなるメソッドですので、「子どもがなかなか勉強してくれない」「勉強の習慣が全然身につかない」と悩んでいるお父さん、お母さんに、ぜひ試してほしいと願っています。

頭がよくなる朝15分学習法　目次

第2章 「毎朝15分」でカンタンに学習の習慣が身につく

第3章 「朝15分学習法」はみんなが幸せになる方法

第4章 「朝15分学習法」を続けるコツ

第5章 「朝15分学習法」年齢別・早起き学習のポイント

第6章 「朝15分学習法」教科別・学習能力の育て方のポイント

第1章

「朝15分学習法」の効果とは？

「朝15分学習法」とはなにか

「朝15分学習法」は、実に簡単です。毎朝、朝ご飯を食べる前に食卓で、15分だけ学習させるのです。

「たったの15分？」と思われるかもしれませんが、15分で十分です。そして、**場所は「食卓」であるのがポイント**。勉強の習慣ができるまでは、親が近くで見守ることが必要。朝の忙しい時間、お母さんが家事をしながらでも見守ることができる場所として、食卓が最適なのです。

なんでも遊びにしてしまうのが子どもの習性。ちょっと目を離すと、すぐにふざけたり、兄弟姉妹とケンカし始めたりしてしまうもの。子どもの気をそらさないよう、朝起きてすぐ、食卓につくまでの一連の動作を最小限にして、学習をスタートさせるのが成功の秘訣です。

そして、15分間の学習が終わったら朝ご飯を食べさせます。こうやって、朝の生活の中に学習タイムを固定化させることで習慣化させるのです。

「朝起きてすぐ」というのもポイントです。

子どもは家の中のほんの短い距離でも、「まっすぐスタスタ歩いてくる」なんて稀。モタモタ歩いてみたり踊ってみたり、わざわざ目をつぶってきたり…。

だから起き抜けの、まだぼーっとしていて無抵抗のときがベスト。その状態でパジャマのままトイレに行かせてマウスウォッシュでうがいをさせ食卓の椅子に座らせ、少しお水を飲ませたらすぐにプリントをやらせる。それが終わったら、プリントを置いていた位置にご飯を置き、そのまま食べさせてしまいましょう。これならば、忙しいお母さんであっても、負担なく見守ることができるはずです。

いったん習慣化してしまえば、子どもは「学習しないと気持ちが悪い」と感じるようになります。ご飯を食べた後に歯磨きをするのが当たり前と感じるように、「朝

必ずやること」のリストに入るからです。

誰でも今すぐ始められて、しかもどんな子も賢くなる学習法ですが、できるだけ小さいときから始めたほうが習慣化しやすいと思います。0歳からでもOKです。小さなころから当たり前のようにやっていれば、何の疑いもなく小・中・高と成長しても毎日勉強するようになります。**できれば2歳までに習慣化できればベスト。小学校高学年になる前には「毎日の勉強は子どもに任せています」と言えるようになります。**

もちろん、それ以上の年齢で始めても習慣化できますが、小学校高学年ぐらいになると元の習慣に戻りやすいうえ、親の言うこともなかなか聞いてくれなくなるので、親が決してリズムを崩さず「朝15分」を徹底する姿勢が大切です。

どうやって「朝15分学習法」に行きついたのか

私は兵庫県で、0歳から高校生まで通う学習教室を経営しています。教室を始めてから今までの約15年で延べ6万5000人以上を指導し、現在は延べ500人ほどの生徒を教えています。

これまでに、「宿題をさせるのが大変だから教室を辞めさせたい」という声を何度かいただいたことがありますが、いつ宿題をさせているのかと聞くと、大半が夕方~夜でした。子どもが教室から帰ってきた後、夕ご飯の後など、親の作業が一段落して心に余裕があるとき、つまり**「親の都合がいいとき」に子どもに勉強させようとしています。**

しかし、保育園や幼稚園、小学校で1日過ごした子どもは、一生懸命遊んで、勉強して、とても疲れています。特に小学校低学年の子どもは、重たいランドセルを背負って、上級生の歩くテンポに頑張ってついていかねばならないので、登下校だけでもクタクタです。帰ってすぐに勉強するという習慣は、なかなか定着させにくいものです。ましてや、夕ご飯を食べた後やお風呂上がりは、もう眠くなっているはずで、集中力高く勉強に臨むのは難しいでしょう。

特に、暑い夏の日や運動会の練習があった日、スイミングの後なども、子どもは疲れています。こんなときに無理に勉強させようとしても、学習の質は落ちるだけ。いつもならできていることも、「できない」と泣いたり、「やりたくない」とゴネたりします。

「今日はできるけれど、明日はできない」では、学習習慣をつけることはできません。でも朝であれば、前日の疲れもリセットされ、元気を取り戻しているはずです。そこで、確実に学習時間を確保できるのは朝しかないと考えました。

私は、保護者との面談の際に、ご家庭での生活リズムを伺うようにしていますが、そこから**「朝15分であれば、ほとんどのご家庭で時間を捻出できる」**と気づきました。

起きる時間を変えると、寝る時間も変わるため、今までの生活リズムを変えることになり、親にとっても子どもにとっても負担です。ただ、15分ならば「朝の支度を夜のうちにしておく」などして、捻出することが可能です。どうしてもその時間が捻出できない場合は、今までより「15分だけ早く」起きる。30分早く起きるのは負担でも、15分ならば頑張れるのではないかと思います。

朝学習の15分は、朝ご飯を食べる前です。空腹のところにご飯をお腹いっぱい食べさせると、胃に血液が集まり、血糖値も上がり、子どもならずともぼーっとしてしまいます。

朝起きたらトイレを済ませて、マウスウォッシュでうがいをさせて親御さんが寝る前にセッティングしておいた学習セットの前に座らせましょう。**集中できる算数や漢字などのドリルと、鉛筆2本、消しゴム2個をセットしておくのがお勧め**。そして白湯か水をコップ1杯飲ませたら、「よーいどん!」の合図で学習をスタート。朝学習が終わったら朝ご飯を食べさせると決めてしまうことで、親も子どもも、朝学習を習慣化しやすくなります。なお、鉛筆と消しゴムを2つずつ用意するのは、子どもはよくテーブルから落とすため。1回落とす

ドリルと鉛筆２本、消しゴム２個をセットする

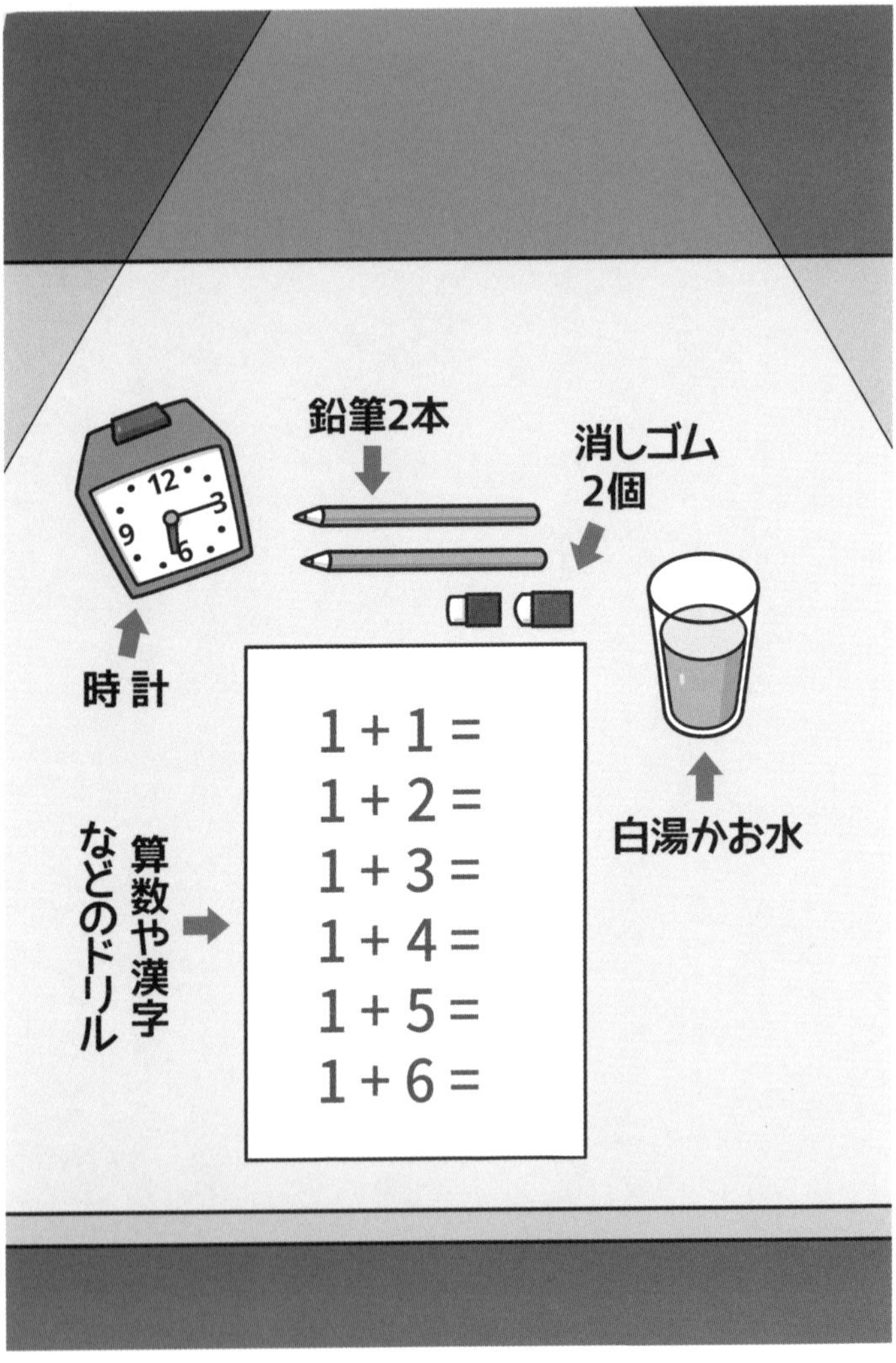

と集中力が途切れるし、落としたものを探しながら遊びだしてしまう子どもが多いのです。

この方法であれば、幼児に多い**「勉強中に遊びだして、ダラダラ学習になってしまう」「勉強を嫌がって逃げ回る」といった悩みも解消できます。**

「朝15分学習法」はなぜ成果が上がるのか

心理学者のヘルマン・エビングハウスによると、人間は、学習したことを1日後には74％忘れるそうです。

学習したことを1日後にまた復習すれば理解が深まり、脳の中で整理され、他の記憶ともつながってより強固な記憶へと成長します。これをレミニセンス効果と言います。

私の教室に通う子どもたちの中には、毎日学習する習慣がついている子ども、まだ習慣がついていない子ども両方がいますが、毎日学習する習慣がない子どもは、前回教室で学習したことを忘れていて、それを思い出すところから始まるため、教室での学習を難しく感じてしまう傾向があります。当然ながら、新しいことを習得するのにも時間がかかります。

一方、毎日学習する習慣のある子どもは、前回教室で習得したことを定着させて次回の教室に臨むため、新しいことを習得するのも早い。だから、たとえ短時間であっても毎日学習することを習慣化すると、学習が定着するから賢くなるのです。

ここからは、実際に私が教えた生徒さんの事例を交えながら、ご紹介していきましょう。
※名前はすべて、仮名です。

●算数が苦手だった、小学3年生・ゆめさんの場合

ゆめさんは、算数が苦手でした。小学3年生といえば、掛け算や割り算も学ぶようになる

学年ですが、ゆめさんは足し算や引き算にもすごく時間がかかるのです。小さな子どもがやるように、両手を使って指を折りながら数えることもしばしばありました。

ゆめさんが教室に通うようになり、朝学習で算数のドリルを始めて3カ月ほどたったころ、お母さんから「私が何も言わなくても、毎朝自分で勉強しています。別人のようです」との喜びの声をいただきました。毎朝学習することが習慣になったことで、学習内容が定着し、どんどん計算が速くなったのです。

ゆめさんは今4年生ですが、今では学校で習っていない少し上のレベルの計算を学習しています。当然のことながら、学校で習う勉強で、もうわからないことはありません。

●10以上数えるのも難しかった、小学1年生・月子さんの場合

月子さんは「数」が苦手でした。生活の中で数に触れる機会が少なく、10以上数えるのも難しい状態。親御さんは「小学校に入ったら、数えられるようになるだろう」と楽観視して

いたようですが、算数の授業についていけない我が子を心配し、小学1年生のときに私の教室に入り、朝学習を始めました。

朝学習で行ったのは、簡単な計算問題。その際、**「声に出して読む」ことを勧めました。**

例えば「1＋2＝3」だったら、「いち（たす）に（は）さん！」と計算式を声に出す。声に出すと集中しやすくなり、記憶に残りやすくなるという効果があります。

すると、みるみる定着度が上がり、算数が得意に。2年生の今は学校の授業よりも先に掛け算の筆算にチャレンジしています。

ちなみに、計算式を解く際に、多くの子どもは声に出さずとも「頭の中で音読」していますが、物事をなかなか覚えられない子どもはそれができないという傾向があります。実際に声に出して音読すると、いいトレーニングになります。

計算式は「声に出して読む」ことがお勧め

●「15分座っていられるか」心配されていた、5歳・太陽さんの場合

太陽さんはいつも元気いっぱいな、二人兄弟のお兄ちゃんです。幼稚園が終わっても、園庭を走り回ってなかなか帰ろうとしないほど、遊ぶことが大好きで体力が有り余っている5歳児です。

「小学校に入って勉強についていけなくなったら困るから」と私の教室に来られたのですが、当初お母さんは不安そうでした。「うちの子にできるかしら…」と。その横で、太陽さんはじっとしていられず、「勉強なんて嫌いやー!」と言いながら、そわそわ、ゆらゆら。

そこで私は、すぐに朝学習を始めることを勧めました。太陽さんには学習の習慣がついていないので、話し合って量は最小限に。初めは算数の学習プリント半ページ分である「毎朝10問」を目標に置きました。

お母さんは「15分座っていられるか」と心配されていましたが、私は、15分にこだわらず、予定の学習が終われば学習は終了するようアドバイスしました。そして、私が提案した「朝15分学習法」を完コピ。太陽さんを起こしてトイレに行かせ、うがいをしたら食卓に座らせ、水を1杯飲ませてプリントをさせる…を毎朝徹底しました。

すると、しばらくたったころ太陽さんのほうから自発的に「今日のプリントは何？」と言うようになりました。習慣化に成功し、「朝学習をするのが当たり前」の状態になったのです。そこから量も少しずつ増やし、15分間でプリント1枚の計算ができるように。

お兄ちゃんに習慣がつけば、しめたものです。2歳離れた弟も、お兄ちゃんと一緒に毎朝食卓に座り、塗り絵などをするようになりました。

太陽さんが朝学習を始めて、約1年。今では兄弟そろってしっかり朝学習できるようになりました。**「量をこなすよりも、まずは習慣にすることが大切」**と教えられた事例です。

これら3人の生徒さんのように、私は教室に来られた親御さん全員に朝学習をお勧めしています。朝学習は、初めは親の努力が必要不可欠なので、お勧めしたご家庭すべてが実践しているわけではありません。しかし、朝学習を取り入れ、実践できた生徒さんは確実に成績が伸び、継続すればするほど優秀さも際立ってくるという特徴があります。

●ひらがなことばカードで、2歳から朝学習を始めた蘭丸《らんまる》さん、徳丸《とくまる》さん兄弟の場合

2歳から6年間、朝学習を継続している蘭丸さん。お母さんが朝学習に前向きだったので、年齢に合わせて学習量を微調整しながら続けてきました。

まずはひらがなことばのインプットから始めたところ、3歳になる前に字が書けるように。足し算を始めたのは3歳の12月で、5歳にはもう分数の学習に入りました。そして小学2年生のころには、中3レベルの数学であるルート問題をすらすら解けるようになりました。

弟の徳丸さんも、2歳で朝学習デビュー。まず行ったのは、ひらがなことばカードによる言葉のインプットと、塗り絵と迷路です。

「ひらがなことばカード」とは、イラストとそれを示すことばが記されたカード。お母さんがカードを見せながら繰り返し読み上げることで、子どもの頭の中にインプットされ、ひらがなをことばとして理解するようになります。

塗り絵と迷路は、筆圧と運筆力をつけるのに役立ちます。学力は、「頭脳」と「作業」で成り立っています。計算するにしても、漢字のドリルをやるにしても、「書く力」が必要。頭でわかっていても、**「書く力」がないと、書くこと自体に負担を感じて学習したくなくなるのです**。子どもを賢くしたいと思ったら、作業（＝書くこと）がラクラクできる状態にしてあげることが重要。そうすれば、もっと難しいことにチャレンジしてみようという意欲が湧いてきます。

徳丸さんの場合は、すぐに「らせん」の迷路からはみ出さずに書けるようになり、幼児にとっては難しい「×」をスムーズになぞれるようになりました。大人から見れば簡単に書ける文字のような気がしますが、幼児は「×は2本の線が重なっている」とは認識せず、同じところを何度もなぞってしまうのです。「×」をクリアしたことで、1日につきひらがな1文字をなぞって書く練習を始めました。

朝学習を始めて半年たったころ、徳丸さんは二語文（わたしは・食べる、など）、三語文（あかい・はなが・さく、など）がすらすら読めるようになりました。

次のステップは、「見写し書き」。ひらがなをなぞるのではなく、見ながら書き写す練習を始めました。

2、3歳で文字を書く練習をさせると、筆圧が弱いので手首が浮き、ふにゃふにゃとした字になりがちですが、そっと手の甲を押してあげると自然に手首が机につき、力が入りやすくなります。また、文字の「始点」と「終点」を意識させるのも大切。始点を意識して書き始め、ぎゅーっと力を入れて線を引き、最後はピタッと止めるように書くことを教えます。子どもには「ギューピタ！と書こうね」と言うと、わかりやすいようです。

文字の「始点」と「終点」を意識させる

その後、徳丸さんは算数の学習もスタート。お母さんはまず1から9までの1ケタ足し算カードで数字を覚えさせ、その後足し算のプリントをさせたそうですが、すぐには解けなかったそうです。足し算カードはプリント学習と並行させたほうが効果がありそうです。

ただ、朝学習が習慣化したことで、3歳で50まで数えられるようになり、10までの数字を書けるようになりました。

5歳になった今は、小学5年生レベルの学習に取り組めるほどになりました。朝学習の習慣がきちんとついているため、ほかにお稽古を増やしても学習量が減ることはありません。これが2人の学習能力の伸びにつながっています。

●英語を聞くことからスタートした、4歳・朱里《しゅり》さん、2歳・琉々《るる》さん姉妹の場合

お姉ちゃんの朱里さんは4歳、妹の琉々さんは2歳で、同時に朝学習デビューしました。

お母さんが英語を学ばせることに積極的だったため、朝学習も英語を聞くことからスタートしました。2歳の琉々さんには早いと思われるかもしれませんが、早くから英語に触れるのは効果的。日本語には日常生活でいくらでも触れられますが、英語は「学習させよう」と思わないと、小さいころは触れる機会が得られないからです。

効果はすぐに表れました。四足歩行の動物を見ると、普通の2歳児であれば「わんわん」と言いそうなものですが、琉々さんは「ｂｅａｒ」（熊）と言いました。四足歩行の動物の認識が「ｂｅａｒ」だったからです。

また、聞いた英語を聞いたまま言うことも、とても上手になりました。日本語の童謡を聞かせていたとき、発声練習などしたことがない幼い琉々さんが、ＣＤと同じような発声で歌うのです。ファルセット（高音に対応する発音技法）まで完ぺきに再現できていたのには驚きました。

英語学習により言語野が鍛えられたため、英語だけでなく日本語の語彙数もどんどん増え、

2歳の時点でまるで小学生のような話しぶりでした。その後、3歳で数書（数を書くこと）を始め、4歳になった今は足し算をすらすら解いています。

お姉ちゃんの朱里さんは、英語とひらがなことば、数かぞえを同時にスタート。現在小学2年生ですが、英単語はもちろん、英語の文法もすでに頭に入っており、小学校ではみんなのお手本的存在なのだとか。最近彼女が読んでいた本は、江戸川乱歩の『怪人二十面相』（ポプラ社）。小学校高学年ぐらいになって読む本であり、読書レベルの高さがわかります。

●6カ月でひらがなことばカードの読み聞かせから朝学習を始めた琴《こと》羽《は》さん、怜《れ》音《おん》さん姉弟の場合

現在、琴羽さんは小学2年生、怜音さんは4歳。琴羽さんは因数分解ができ、英語の本を原書で楽しんでいます。怜音さんは足し算をすらすら解き、小学5年生レベルの英語を読み書きしています。

2人のお母さんはフルタイムで働いているので、朝が勝負。Ｅｘｃｅｌを使って学習計画を立てて管理し、夏休みにも毎朝6時半から始まるラジオ体操前に朝学習を終わらせていました。

琴羽さんが朝学習を始めたのは、生後6カ月のとき。ひらがなことばカードを見せながら読み聞かせをすることからスタートしました。朝15分の学びの時間を毎日設けることで、2歳になるころには朝学習が完全に習慣化しました。

ちなみに数学は、高校レベルの因数分解をすらすら解き、英語は5歳の時点で中学レベルを終了しました。

私の教室では、まだ学習が定着しておらず、目を離せない子どもは私の近くに座らせ、私から一番遠い席は自分で考え自分で勉強できる自立した生徒が座る「自立席」になっています。椅子も勉強用の、腰椎が伸び正しい姿勢を取れるものになっています。

琴羽さんは5歳でこの「自立席」に座るようになりましたが、それを機に勉強への意識が変わり、学力がぐんぐん伸びました。「この席に座れる自分」になり、自信がついたのでしょう。

小学1年生で高校レベルの英語を終了し、現在はヘミングウェイの『老人と海』を原書で読んでいます。

弟の怜音さんも、お姉ちゃんと同様6カ月で朝学習を始め、4歳の今は足し算をすらすらと解き、国語は小学2年生レベルを学習中。英語も、一般動詞を使って読み書きするまでになっています。

朝学習は、何歳から始めても確実に効果があります。しかし、筋肉が育ち、勉強するのに必要な姿勢が取れる2歳ぐらいから始めると、さらに効果的です。まずは、一番上のお子さんに朝学習を定着させましょう。そうすれば、下の子どもたちも自然に朝学習ができるようになります。

第2章

「毎朝15分」でカンタンに学習の習慣が身につく

朝15分であれば、起きる時間を変えずに実行できる

ここまで「毎日の学習を習慣化するには、朝15分がポイント」とお伝えしてきましたが、**「なぜ朝なのか」「なぜ15分なのか」**を改めてご説明したいと思います。

私の教室で、家庭学習についてのアンケートを取りました。

学習の時間が「決まっている」子どものうち、自分から学習する子どもは約60％、声がけをすると学習する子どもは約40％、声がけしても学習しない・日によってはしないという子どもは一人もいませんでした。

学習の時間が「だいたい決まっている」子どもの場合は、自分から学習する子どもが31％、声がけすると学習する子どもが66％。声がけしても日によってはしない子どもは3％いました。そして、学習の時間が「決まっていない」子どもの場合。自分から進んで学習する子どもはわずか5％。声がけをすると学習する子どもが74％。そして声がけしても学習しない子

どもが21％もいました。

この結果から、**学習時間は「だいたい」ではなく、きちんと決めて習慣化させるほうが、子どもが自分から進んで学習できる**ということがわかりました。

そして、**学習の時間を固定化しやすいのが「朝」**なのです。

親御さんから「学習習慣をつけるのが難しい」と相談されることがありますが、その場合、私は必ず朝のスケジュールを確認します。例えばこんなふうに。

「お子さんは何時に起きますか？」

「6時か6時半です」

おそらく6時から起こし始めて、6時半までには完全に起き出すという感じなのでしょう。

「お子さんは何時に家を出ますか？」

「7時40分です」

近所の公立小学校に通っている場合は、これぐらいの時間に家を出る子どもが多いようです。

6時すぎに起きて、7時40分に家を出る生活ならば、時間の使い方を少し変えるだけで明日からでも朝学習を取り入れることができます。

まず、子どもを起こすときは一気に！　6時に声をかけるのであれば、その時点で完全に起こしてしまいましょう。6時きっかりに起きることができれば、朝ご飯に20分、身支度に20分かかるとしても、時間は十分にあります。6時に起こして5分で食卓に移動させ、水分だけ取らせながら6時5分～20分まで学習させます。

寝起きの悪い子どもには、冷たいものを何か一口食べさせましょう。お勧めは、凍らせた果物。バナナやパイナップルは一口で食べられる大きさに切り、みかんならば皮をむき、ぶどうならば1粒ずつばらばらにして食品保存用の袋に入れ、冷凍しておきます。果物アレルギーがあるならば、無果汁の清涼飲料を製氷皿で凍らせておきます。これらをぽいっと口に入れてあげましょう。

子どもはご飯をお腹いっぱい食べさせるとぼーっとしてしまいますが、冷たいものを一口だけ食べさせるのは、むしろ目が覚めてお勧めです。もぐもぐしているうちに学習を始めさせても大丈夫です。

次に、なぜ「15分」なのか。これを読んでいる親御さんの中には、「たった15分で大丈夫なの？ちゃんと習慣化するの？」と心配される方もいるかもしれません。

私は娘が1歳のころ、毎日30分学習させようと試みたことがあります。30分であれば、私自身が負担なく続けることができると考えたのです。行ったのはひらがなことばカードなど、字を覚えさせるための簡単なメニューでしたが、いざ学習させてみると、1歳児には30分は長すぎることがわかりました。

実際、学習が習慣化した2歳児でさえ、集中できる時間は20分です。朝学習デビューするならば15分で十分。月齢が小さい、あるいは集中力が持続しにくい子どもの場合は、**「量より習慣」が優先。時間は短くても、毎日決まった時間に座って学習する習慣をつけることが大切**です。

寝起きの悪い子には、
冷たいものを何か一口食べさせる

「朝ご飯を食べる前」と決めると、習慣化しやすくなる

「朝学習をさせようとすると、子どもが逃げ回るんです」
「なかなか朝学習に取り掛かってくれないんです」

などと親御さんから相談されることは少なくありません。習慣化するためには、「タイミング」も重要です。

●学習せず逃げ回る4歳・慎之介さんの場合

4歳の慎之介さんは、元気いっぱいの男の子。教室でも我々の隙を見ては、席から立ち上がって走り回ったり、机の下に潜り込んだりします。

お母さんは幼稚園に行く前に学習させようと試みていましたが、彼は逃げ回ります。追い

かけて叱っても、まったく効果がないどころか、慎之介さんはお母さんとの鬼ごっこを楽しんでいるのでした。

そこで私は「朝ご飯の前はいかがですか？」と提案しました。朝、子どもはお腹がすいています。朝学習が終わらないと朝ご飯が食べられない…となると大変です。慎之介さんは逃げ回るのをやめ、朝ご飯の前にきちんと食卓に座れるようになりました。**今は毎朝1分だけ、座って学習する練習をしています。**1分座ることができるようになったら、少しずつ座る時間を長くしていけばいいのです。

「朝15分学習」を習慣化させるコツ

「朝15分学習」を毎朝の習慣として定着させるには、「完コピ」が重要です。習慣化するまではアレンジしたりせず、この朝の時間を最優先してください。

これから始める方のために、「朝15分学習」の基本的なタイムスケジュールをご紹介します。まずはこのスケジュールを完コピしてみてください。時間は、7時40分ごろに家を出ることが多い「公立小学校」に通う子どもをイメージしています。

〈起床から基本のタイムスケジュール〉

前日夜 **「朝学習」の準備**

朝起きたらすぐに学習が始められるよう、食卓に「朝学習」用のドリルやプリントと筆記用具を準備しておきましょう。

6時10分 **子どもを起こす**

時間になったら子どもを起こし、トイレに行かせ、マウスウォッシュで口をゆすいで、パジャマのまま食卓に座らせましょう。ぐずぐずしていても一発で起こし、移動させてしまうこと。**食卓についたら水を1杯飲ませるとシャキッとします。そ**

れでもまだぐずぐずしていたら、凍らせたフルーツを1つ、口に放りこみましょう。

6時15分 **「朝学習」スタート**

初めはプリント1枚、ドリル1ページでOK。15分間で無理なくできる分を用意し、「今日はこれ1枚をやろうね」と声をかけて「よーい、ドン！」の掛け声で学習をスタートしましょう。**学習が終わったら、「よく頑張ったね！」と褒めることを忘れずに。**

6時30分 **朝ご飯**

朝学習が終わったら、食卓のプリントやドリルを片づけてそのスペースに朝ご飯を置き、そのまま朝ご飯を食べさせましょう。**小学校の給食時間はだいたい20分間ですので、朝ご飯もこれぐらいの長さをメドにしましょう。**

6時50分 **身支度やトイレなど**

残りの約50分で、洗顔や歯磨き、着替えを行いましょう。これぐらいの時間の余裕があれば、子どもは家でゆっくりトイレを済ますこともできます。

7時40分 登校

「初めのうちは親が見守る」

忙しい朝ではありますが、15分間子どもと同じ食卓に座り、学習している姿を見守りましょう。親の目があることで子どもは学習に集中するようになります。**できればお父さんがその役を担うのがベスト。**多くの子どもにとってお父さんは「怖い存在」ですから、お父さんが座っているだけで効果大です。

「飽きたら早めに切り上げる」

まずは量よりも習慣づけが大切です。「学習せず逃げ回る4歳・慎之介さん」のケースでも紹介しましたが、**子どもが学習に飽きたら、15分よりも早く切り上げましょう。**初めは1

分で終わっても、あきらめず毎朝着実に学習の機会を持つことで、少しずつ学習が軌道に乗り、学習時間を延ばすことができます。

「うまくいった日の前日の行動を繰り返す」

そして、**「朝15分学習」が成功したら、その日の前日の行動を繰り返しましょう**。前の日、晩ご飯は何時に食べたのか、お風呂は何時に入ったのか、何時に寝たのか…を思い出し、それを繰り返すことで習慣化が早まります。

なお、**習慣化までの目安は約2週間です**。まずは2週間、このスケジュールを完コピしてみてください。初めは思い通りにいかないことも多いと思いますが、それでも毎日繰り返すことで、徐々に生活が変わり、朝学習することが当たり前になっていきます。

「絶対NGなのは、叱ること、学習量を増やすこと」

習慣化がうまくいかない理由として多いのが、「つい叱ってしまう」「予定していた学習が早く終わったので、プリントの量を増やす」こと。この2つは絶対にNGであると心得てください。

朝学習をしている子どもを見ると、つい口を出したくなるのが親というもの。「何その汚い字は！」「ちゃんと書きなさい！」などと注意してしまう親御さんが非常に多いのですが、これでは子どもが「朝学習は怒られるもの、面倒くさいもの」と認識してしまいます。子どもがちゃんと学習に向き合っているのであれば、字が汚かろうが叱ってはいけません。

そして、**予定していた学習量がたとえ10分で終わったとしても、「ならばあと5分で、もう1枚プリントをやろうか」などと言わないこと。**予定の分量が終わったら、そこでその日の学習は終わりにしましょう。

子どもは早く学習を終わらせたくて、一生懸命集中して学習に取り組みます。せっかく10分間でやり遂げたのに、学習量を増やされてしまったら…子どもはとたんにやる気を失い、ダラダラと学習して15分間をやりすごそうとします。これでは習慣化するどころか、学習自体が嫌いになってしまいます。

学習する前に「今日はこれだけやろうね」と約束すること。「1枚やってみようね」「3ページ頑張ろうね」とゴールを決めることで、子どものやる気を促しましょう。そして、学習が終わったら「よく頑張ったね!」と褒めること。褒めることで子どもはやる気になり、習慣化しやすくなります。親子のコミュニケーションもより深くなるでしょう。

子どもは疲れているときには学習できない

「子どもが学習を嫌がって困ります」という相談を受けると、私は必ず「それは何時に学習させようとしたときのお話ですか?」と尋ねます。

多い答えは「晩ご飯の後」。

親は仕事から帰ってきて、家族にご飯を食べさせ、洗い物も終わり、ようやく一段落がついたころに「子どもの勉強を見てあげようかな」という気持ちになるものです。

しかし、子どもの気持ちは「お腹もいっぱいになったし、もう眠い」です。眠いときは、勉強なんてしたくないもの。仮に、親の言うことを聞いて学習を始めたとしても、眠い目をこすりながらあくびをしながらの学習が身につくはずはなく、ダラダラとしてしまうのでよくありません。

学習時間は、「親の気持ちに余裕がある時間」ではなく、「子どもに元気がある時間」を優先しましょう。例えばこんなケースがありました。

●「公園で遊んだから疲れていた」5歳・鈴さんの場合

鈴さんはしっかりもので、学習意欲も高い女の子です。

しかし、ある日教室に来るなり「公園で遊んだから疲れた」と言い始めました。いつもならばできる問題も間違え、まるでやる気もありません。

お母さんに話を聞くと、「たまには思い切り遊ばせてストレスを発散させたほうが、学習に集中して取り組めるようになるだろう」と思い、教室の前に公園に連れて行ったとのこと。

しかし、完全に逆効果でした。どんなに真面目でしっかりした子どもであっても、疲れているときには学習したくないのです。

●「スイミングスクールで疲れていた」小学2年生・久羅々《くらら》さんの場合

久羅々さんは聡明で賢い女の子です。教室でも非常に真面目に学習に取り組んでいます。しかし、ある曜日のときだけ「この問題は難しいから無理」と初めから考えることをあきらめてしまう傾向にありました。

お母さんに聞いてみたところ、その曜日はスイミングスクールに通ってから教室に来ているとのこと。そこで私は言いました。「スイミングの後は疲れているので学習には向いていません」

お母さんはすぐに、スイミングスクールと教室の日が被らないよう、曜日を調整してくれました。学習の効率が上がったことで、久羅々さんは今、中学レベルの数学にチャレンジしています。

朝学習が習慣化すれば、中高生になっても夜更かししなくなる

子どものころに朝学習が習慣化すると、中学生、高校生になっても夜更かしをせず、自ら早起きをして必要な勉強時間を確保するようになります。

●毎朝15分を「英単語を勉強する時間」にして、現役で東大理Ⅱに合格した華さんの場合

華さんは小学生のころから朝学習を行い、それがしっかり習慣化されていたので、中学・高校の中間テスト、期末テストの前でも、受験勉強のときでも、夜更かしをしませんでした。特に数学のテストの前日は、遅くとも22時までには就寝し、早起きして勉強。朝勉強するほうが効率的だと知っているし、睡眠不足だとケアレスミスをすることもわかっているからだそうです。高校3年生のときは、毎朝15分を「英単語を勉強する時間」に置き、例文とともに覚えていました。

華さんは小学生のときに「漢字検定」に挑戦していますが、その勉強をするとき、勉強机の上に問題集を広げ、置きっぱなしにするようにしていました。机の横を通るたびに、立ったまま何問か覚えるためです。

朝学習を継続していると、子どもは子どもなりに生活の時間配分を工夫するようになります。漢字検定の勉強などイレギュラーな学習が加わり、いつもよりやることが増えると、華さんのようにすきま時間をうまく活用するようになります。夜の時間に勉強を盛り込みすぎるのは効率的ではなく、当てにできないとわかっているからです。

「朝学習の効果」の根拠は？

繰り返しになりますが、**「エビングハウスの忘却曲線」**によると、人間は学習したことを1日たつと74％忘れるといわれています。したがって、**効率的に学習内容を習得するためには、学習した内容を翌日に復習する、そして何度も繰り返し学習することが必要**です。すると、記憶した内容の理解が深まり、脳の中で整理され、他の学習の記憶ともつながってより強固な記憶へと成長します。これを**レミニセンス効果**といいますが、この効果を最大限活用するため、学習内容はコロコロ変えずに一つに決めるのがお勧めです。

何をすればいいのか迷ったら、英単語を学びましょう。単語集は『システム英単語』（駿台文庫）がお勧め。東大に進学した生徒によると、「例文が面白くて記憶に残りやすい」そうです。

覚えるのが苦手な中学生にも効果大

朝学習はできるだけ早く始めたほうがいいとお伝えしましたが、**なかなか勉強習慣がつかず、英単語や漢字など、苦手なものをしっかり覚えきれない中学生にも大きな効果があります。**

私は教室に通う中学生に、学校の試験で失敗した箇所を洗い出してもらい、次の試験前1カ月間で「リベンジのための朝学習」を行うよう指導しました。

●社会と英語の点数が悪かった、中学1年生・勇気さんの場合

中間試験で社会と英語の点数が極端に悪かった勇気さんは、反省点を洗い出し、毎日の朝学習で英単語を覚える、社会の問題集をやると決めました。

英単語はドリルを行い、社会は問題集をパラパラめくって見るだけでしたが、毎日繰り返し行うことで記憶が定着し、2教科の点数が大幅にアップ。中でも社会の点数が20点アップの78点となり、期末テストの順位は一気に20位アップしました。本人も驚きの効果だったようで、興奮気味に私に報告してくれました。今では苦手の2教科の学習にも積極的に取り組んでいます。

●漢字に苦手意識を持っていた、中学1年生・健さんの場合

とにかく国語が苦手で、学校の試験でもいつも低い点数を取っていた健さん。そこで本人と話し合い、「読解が苦手ならば、まずは漢字の学習から始めてみたら?」と勧めました。

健さんは自分で学習方法を考え、毎朝国語の教科書を読むということにしました。教科書に出てくる漢字を初めから一つずつ、ひたすら見て覚えていったそうです。その結果、前回は20点台だった国語の点数が、一気に60点アップの80点台にまで跳ね上がりました。「こんな点数、取ったことない」と本人も驚いていました。

毎日教科書に目を通し、漢字を頭に入れたことで、国語の問題そのものも以前より理解できるようになり、高得点につながったようです。もちろん、漢字の書き取り問題は満点でした。

●理科が苦手だった、中学1年生・和也さんの場合

和也さんは苦手意識の強かった理科を、何とか克服したいと考えていました。そこで、「理科の教科書を読んで試験に出そうなところをノートにまとめる」を朝学習のメニューに設定、1カ月間毎日学習したところ、期末テストの理科の点数は11点アップの92点だったそうです。学年順位も200人中、自己最高の11位となり、大変喜んでいました。

このように、中学生でも毎日の朝学習で記憶を定着させることで、学力アップを図ることができます。**特に、覚えることが苦手な教科においては、大きな効果が期待できます。**なお、彼ら3人とも、**朝学習をするようになって夜更かしが減ったとのこと。生活習慣の改善にも効果があるといえます。**

毎日の積み重ねで、ついていけなかった子も学校の勉強がわかるように

毎日の朝学習によるレミニセンス効果は、学校の授業になかなかついていけない子どもにおいても強力な効果を発揮します。

●学校の授業についていけなかった、一人っ子の小学1年生・小虎《ことら》さんの場合

小虎さんは小学校に入ったばかりの5月、学校の授業についていけなくなり、心配したお父さんとお母さんに教室に連れてこられました。

その時点では、小さい数の足し算はできますが、50以上の数は読めませんでした。文字を読むことが負担のようで、国語の問題は「わからない」と見ることすら嫌がりました。英語に至っては、聞いた単語をそのままリピートして言うことができない。つまり「今聞いたことすら覚えられない」ということ。通知表ならば「1」をつけられてもおかしくない状態でした。

小虎さんがご両親と一緒に初めて教室に来たとき、椅子にちゃんと座ることができませんでした。学習するときは、腰椎を立てて座らないと学習姿勢が取れません。しかし小虎さん

は、背もたれにべったりともたれ、そのうちズルズルと椅子から滑り落ちていきました。「まずは椅子に座る練習から始める必要があるな…」と私は思いました。

学習習慣がつき、集中して学習に臨める子は、腰椎を立てて椅子に座ります。両足は肩幅ほどに開き、しっかり足の裏を床につけて、左手でプリントを押さえて学習します。つまり姿勢よく椅子に座ることは、学習を行ううえでの大前提なのです。

そこで小虎さんには、あえて背もたれのない椅子を用意し、腰椎を常に意識させるようにしました。しかしなかなか姿勢が定着せず、テスト中に消しゴムで遊んだり、靴を脱いだり履いたり、椅子から滑り落ちたりと、テストに向き合うこと自体が難しい状態。国語のテストでは長文問題は読むこともせず、初めからパスしてしまうことも。それでも根気よく姿勢を指導し、学習に向き合わせる日々が長らく続きました。

教室に通うようになって15カ月たった小2の夏、小虎さんは急な成長を見せました。まず、腰椎を立てて椅子に上手に座れるようになったのです。また、国語において問題文を読むことなく「わからない、教えて」と言うことが減り、徐々に問題に真剣に取り組むように。ようやく学年相当の学習レベルに追いつきました。

そして、23カ月がたった小3の4月。2年生のまとめテストを受けてもらったところ、国語の偏差値は31から47に、算数は37から50にアップしたのです。

テストへの向き合い方も大きく変化。算数では、自分で解いて出た答えが選択肢にないときは、もう一度解いて正解にたどりつくことができるようになりました。国語も、長文を飛ばすことなく最後まで読めるように。教室での学習中も、無駄口をたたいたり周囲の友だちに話しかけたりすることがなくなり、集中して取り組めるようになりました。

小虎さんの場合、少し時間はかかりましたが、我々だけでなくご両親も根気よく学習に取り組んでくれました。学習に向き合おうとしない我が子を毎朝起こし、朝学習を習慣化させたことで、ここまで学力が伸びたのです。小虎さんは、もはや学習を嫌がることはありません。学校の宿題は楽勝でこなしてしまうそうです。

●途中で学力に大きな差がついてしまった、小学2年生の美衣《みい》さん、京《きょう》香《か》さんの場合

美衣さん、京香さんは、ほぼ同時期に教室に通い始めた小学2年生です。学力も、ほとんど差がありませんでした。

当時、美衣さん、京香さんに宿題を出しても、ちゃんと宿題をしてくる確率は30％でした。しかしその後、学力に大きな差がつくようになったのです。

足し算の教材は、2人とも約1年で卒業できました。しかし、筆算の学習に入ると、美衣さんは宿題をまったくしてこなくなりました。一方で、京香さんは80％の確率で宿題をしてくるようになりました。

この差は、朝学習への取り組み姿勢によるもの。美衣さんの親御さんは、教室に通わせていることで安心してしまい、朝学習を勧めても、家では勉強をさせませんでした。一方、京

香さんの親御さんは朝学習をすぐに取り入れ、毎朝15分の学習を徹底させました。
「2ケタの足し算の筆算」から「3ケタの足し算の筆算」に進むまでに美衣さんが6カ月かかったのに対し、京香さんは2カ月しかかかりませんでした。筆算に入った時点で、京香さんは毎朝筆算を繰り返し学習するようになり、頭の中に定着したのです。

小学校低学年までは、学習に対する「親の姿勢」が子どもの学習習慣を左右します。このように、学力にも大きな差が出てしまうので、親が腹を決め、ブレることなく朝学習を毎日徹底させることが大切です。

第3章

「朝15分学習法」はみんなが幸せになる方法

親御さんが気になるのは、子どもが「その日やるべき学習」をちゃんとしたのかどうか。朝学習が定着すれば、この毎日の悩みは解決します。

子どもが小学生になると、学校の宿題ができているのかどうか、学校の勉強についていけているのかどうか、気になるものです。中学生になれば、部活でヘトヘトになっている子どもを見るたびに、いつ勉強しているのか心配になるものです。

だから、つい「宿題はやったの?」「早く宿題やりなさい!」と注意してしまいますし、成績が少しでも下がれば「やるべきことを後回しにしているからでしょう!」と叱ってしまいます。

親は、子どもに十分に力を発揮させてあげたいからこそ、もっと勉強してほしいと思うもの。しかし、親に注意されて、素直に学習に取り組める子どもはほとんどいません。小言は逆効果なのです。

しかし、朝学習が定着すれば…親は毎朝、子どもが集中して学習に取り組む姿を見ることができます。子どもが自主的に、しっかり学習できることを確認することで安心感が生まれ、心にも余裕が生まれます。そして**夜、子ども部屋で一人こもって学習しているときも、「本当は遊んでいるんじゃないだろうか」と心配するのではなく、安心して子どもに任せることができるようになります**。毎日毎日心配し続けていた、永遠に続くように思われた親の悩みが解消するのです。

この後、いくつか例を挙げてみましょう。

●小学2年生の子どもを持つ、専業主婦の鈴木さんの場合

鈴木さんは、有名進学校出身。教育熱心で真面目なお母さんです。ご自身が子どものころは勉強で苦労したことはなかったそうですが、娘の沙耶《さや》さんが小学校に上がってからは、「学習をさせるのが大変だった」と言います。

小学校から帰ってきたら、すぐに「いつ宿題するの?」「まだ始めないの?」と子どもに声をかけ続けました。しかし子どもは、帰ってきたらまずおやつを食べてゆっくりしたいも

のです。

沙耶さん自身は、勉強が嫌いではありません。毎日宿題だけでなく、お母さんが用意したドリルも学習していました。しかし、帰宅した直後は疲れているうえに、お母さんがあまりに学習をせかすので、キーキー文句を言いながらしぶしぶ机に向かう…という状態でした。

鈴木さんは、そんな娘の姿を見るのがとてもつらかったそうです。本当は、子どもを思い切り遊ばせてあげたいし、好きなテレビ番組も見せてあげたい。でも、ご自身の経験からも「遊びもテレビも、まずは学習が終わってから」を徹底していたのです。

2年生になってから、鈴木さんは子どもに与える学習の範囲を増やしたいと考えました。そうなると、帰宅後～夕食までの時間では学習時間を確保できないことに気づき、朝学習を新たに取り入れました。

そこから、鈴木さんの生活は一変しました。朝の段階で、その日にやるべき学習がある程度終わっているので、気持ちがとても楽になったのだそうです。

沙耶さん自身も、朝学習が終わった時点で、今日はあとどれぐらい学習すればいいのかが把握できるので、計画的に行動できるようになりました。そして空いた時間に本を読むなど、好きなことをしてすごせる余裕が生まれました。

鈴木さんは、朝学習について私にこう話してくれました。

「**『時間に余裕が生まれるとこんなに楽になるのだ』と親子で実感できたら、朝学習は継続できると思います**。学習が好きな子でも、自分の好きなことができなければ疲弊してしまいます。朝学習により捻出できた時間に、読書をしたり、テレビを見たりと自分の好きなようにすごす子どもを見るのは、親としてとても嬉しいもの。我が子には、時間に追われるのではなく、時間を自分の思い通りに管理できる人に成長してほしいと願っています」

●小学3年生と小学1年生の子どもを育てつつ、医療専門職として働く佐藤さんの場合

佐藤さんは、2人の男の子を持つお母さん。医療専門職としてフルタイムで働いておられます。

佐藤さんは、6年前から朝学習をスタートさせました。つまり、上のお子さんが2歳のときからです。朝学習はすぐに習慣となり、兄が学ぶ姿を真似て弟も0歳から朝学習をスタート。今では兄弟ともに、毎朝の学習が当たり前のこととなっています。

佐藤さんは、こう話しています。

「子どもたちの生活や学習に向き合う姿勢に、余裕ができたと感じています。特に上の子は、**朝学習が習慣化しているので『学習しないと気持ちが悪い』**と言います。だから、子どもに『勉強しなさい！』と言う必要がありません。仕事が忙しく、学校から帰った後の宿題や学習をつきっきりで見ることはできませんが、朝学習する姿を毎朝見ているので『この子たちならばサボらず真面目に取り組んでいるだろう』という安心感があります。今では遊びに行くときも、子どもたちは自分なりに計画を立て、時間をやりくりして学習時間を確保しています」

時間の感覚は、意識して育てないと身につくものではありません。毎日の朝学習により「15分の価値」が体に染みついているから、**小学生にして「自分で優先順位を考え、計画を立てて動く能力」を身につけることができた**のです。

朝学習が定着すれば、親の生活にもメリットが大きい

朝学習を始める際は、親にも多少の覚悟が必要です。なぜなら、**朝学習の成功は、「親の段取り」にかかっているからです。**

でも、いったん「やる」と決めれば、夜、無意味にだらだら起きていることがなくなります。翌朝の段取りを考えれば早寝の習慣がつき、朝起きるのが楽になります。

朝起きるのが楽になれば、朝の活動量が増えます。慣れてくると、朝ご飯を作りながら晩

ご飯の下ごしらえまでできるようになるので、時間に余裕が生まれ、ストレスが減ります。朝学習は、親御さんにとってもメリットが多いのです。

さらには、**子どもが寝た後、今よりも「自分の時間」を確保できるようになります。**

子育てしている親は常にフル稼働です。中でも専業主婦・主夫は24時間休みなく育児に追われます。

さらに教育熱心な親であれば、子どもの様子を常に気遣い、かけることば一つにも気を配ります。子どもが賢く育ってくれるよう、知的好奇心を刺激することにも余念がありません。そして、食事の内容も栄養バランスを考えて完璧なものを追求、家事も頑張り倒してしまいます。

しかし、度がすぎると息を抜く時間がなくなり、心が苦しくなってしまうケースもあります。

実際にこのような状態に陥ったものの、朝学習を機に乗り越えることができた例をご紹介します。

●2歳と0歳の子どもを持つ、専業主婦の高橋さんの場合

2歳と0歳の姉妹を持つ、専業主婦の高橋さん。夫は仕事が忙しく、毎日23時帰り。たった一人で、まだ小さな子ども2人の育児に追われ、毎日疲れ果てていました。

最も悩まされたのは、夕方になると決まって子どもたちがぐずりだし、泣いて手がつけられなくなってしまうこと。どうすればいいか悩み抜いたものの、状況は一向に改善せず、ある日思い切って17時に子どもを寝かしつけてみたそうです。

すると、0歳児は夜中に2回ほど起きてミルクを飲みましたが、2歳児は朝の5時まで熟睡したのだそうです。これを機に、夜は早めに晩ご飯を食べさせてぐずる前に寝かしつけ、朝は早く起きて学習する習慣をつけたところ、それが定着。子どもが寝てから夫が帰宅するまでに、自由時間ができるようになりました。

今までぐずる子どもをあやしながら晩ご飯を作り、あやしながら時間をかけて寝かしつけていたそうですが、子どもがぐずって眠たくなる時間に合わせることで自由時間が生まれ、今まで読めなかったファッション雑誌をゆっくり読んだり、友だちと長電話したり、ゆっくり部屋を片づけたりするなど、「自分にとっては夢のような時間」が確保できるようになったそうです。

朝学習を習慣化して子どもを早く寝かしつけ、自分の時間を確保しましょう。心に余裕が生まれ、子育てがぐんと楽になります。

毎朝子どもと時間を共有することが、親子の絆になる

仕事で帰りが遅いお父さんとも触れ合う時間を作りたいから……という理由で、子どもを遅

くまで起こしておくお母さんは少なくないようです。

しかし、夜更かしした子どもは、朝早く起きることができません。学校に行くぎりぎりの時間まで寝ている子どもになってしまいます。

夜更かししすぎて、授業中にボーッとしている子ども、あくびばかりする子どもは、22時以降に就寝していて、たいていは成績不振です。そして、そういう子どもは赤ちゃんのころから夜更かし…つまり親が、親の都合で子どもを夜型にしていたというケースが多いのです。この場合、思い切って矯正しないと、夜更かし癖はずっと直りません。子どもの生活リズムは、大人の都合ではなく「子どもの成長にプラスになるかどうか」で判断すべきです。

お父さんと子どものかかわりは、夜ではなく「朝」と決めましょう。仕事で疲れ切った夜よりも、疲れが取れすっきりした朝のほうが、気持ちよく子どもとコミュニケーションが取れるはず。

そのためにも、朝学習はお勧めです。朝学習後に、家族そろって朝ご飯を食べることで会話が生まれます。お父さんも、子どもと触れ合う時間が増えるだけでなく、子どもが学習する姿を見て安心することができます。

●小学3年生と小学1年生の兄弟を持つ、共働き家庭の田中さんの場合

田中さんは、2人の男の子のお父さんです。仕事がとても忙しく、平日は毎朝6時半に家を出て、帰宅は22時すぎという生活を送っています。そして、お母さんも税理士事務所でフルタイムで働いています。

両親ともに忙しい田中さんの家では、毎朝6時に家族そろって朝ご飯を食べます。そしてその後、お母さんは洗い物などの片づけをこなし、田中さんは息子たちに歯磨きをするよう促します。そして、子どもたちが朝学習をスタートできる状態にしてから、出勤しているのだそうです。

お父さんを見送ったら、子どもたちは朝学習スタート。お母さんはそれを見守りながら身支度を整え、学習が終わった後に子どもたちと一緒に家を出ます。このような生活リズムを

整えることで、お父さんは子どもと気持ちよく触れ合える時間を確保することができ、子どもも朝学習の習慣が身につき学力アップが実現できます。

私は「朝起きたらまず学習し、その後、朝ご飯」を推奨していますが、田中家のようにしっかり朝学習が定着している場合は、前後を入れ替えるなどして応用いただいても問題ありません。

忙しい親が子どもと積極的にかかわるためには、「仕組み」を意識的に作らなければなりません。朝学習はその仕組み作りに最適です。

朝学習が習慣化することで子どもは賢くなりますし、なにより家族全員が笑顔で一日を始められるのは素晴らしいこと。この安定した家庭環境こそ、子どもに心の安定をもたらすのです。

●高校2年生の息子、中学3年生の娘を持つ、海外赴任中の渡邊さんの場合

渡邊さんは、現在海外赴任中のお父さんです。非常に教育熱心で、上の子どもが5歳のときから「朝に学習させると学習習慣がつきやすいですよ」という私のアドバイスを実践しました。

当時は国内で働いていた渡邊さんは、自ら「朝学習担当」をかって出て、毎朝2人の子どもを起こし、机に座らせ、朝学習を見守り続けました。

その結果、兄は有名私立高校に進学し、テストでは毎回学年10番以内の成績を収めています。妹も成績優秀です。

今は子どもと離れて暮らしている渡邊さんですが、学習習慣が身につき、高い学力もついた今、子どもの勉強を心配することはありません。「毎回のテストの結果をスカイプで聞く

のが楽しみ」なのだそうです。

ご自身の受験には苦労されたご経験のあるお父さんは、このようにおっしゃっています。

「子どもが想像を超えて優秀に育ってくれたことで、自分では見ることができなかった世界を見せてくれています。とても幸せです」

子どもを優秀に育てることは、家族の幸せにもつながるのです。

●大学生の息子と、高校3年生の娘を持つ、川口さんの場合

川口さんは2人の子どもを持つ父親であり、有名進学校の先生です。そのため、学習習慣をつける大切さを痛感していて、兄の賢さんが5歳、妹の優さんが3歳のころから朝学習を始めました。

実は、この兄妹は幼児期からケンカが絶えません。賢さんは温厚なのですが、優さんが勝

ち気でケンカ早いのです。
私の教室に来ても、ケンカばかり。席を離しても、優さんがわざわざ賢さんの席まで行き、プリントに落書きをするなどしてイタズラします。あるときは、いきなり賢さんの服にガブリと嚙みつき、いつもは温厚な賢さんが「これ、気に入っている服なのに!!」と声を荒らげたほど。私が注意しても、なかなか優さんのイタズラは止まりませんでした。

こんな2人ですが、家での朝学習はきちんとできていて、学校の宿題も教室の宿題も、毎日きちんとこなしています。どうやって家で学習させているのか不思議に思って聞いてみたところ、「お母さんが見守り係をしていたときは手に負えなかったけれど、2人にとって怖い存在であるお父さんに代わってからは、まじめにおとなしく学習するようになった」のだそうです。

朝学習の「見守り係」は、お母さん、お父さん、おじいちゃん、おばあちゃん、誰がやっても構いません。ただ、お母さんは普段からそばにいる身近な存在だけに、ときに甘えてしまったり騒いでしまったりするお子さんもいるようです。

お父さんが見守り係だと、集中度が上がる

その場合、**お父さんが見守り係をすると、そういう子どもにも制御がきき、学習への集中度が上がることが多いようです。**

川口家の場合も、お父さんが見守り係についたことで、普段は騒がしい2人にも制御がきき、スムーズに学習習慣が身についたようです。お父さんがそばに座って学習にかかわってくださるだけでも、2人から見れば威力抜群。ケンカをする気分になどならず、学習に集中できたようです。

早く寝かせるために、お風呂で子どもを存分に遊ばせる

朝学習を始める際には、「子どもを早く寝かしつける」ことが一つの目標になります。子どもが夜更かし型だと朝早く起きられず、朝学習が定着しづらくなるからです。でも、これ

に苦労している親御さんは多いようです。

「一生懸命寝かしつけているのに、なかなか寝てくれない」という場合は、お風呂の時間を活用しましょう。

子どもは、お風呂遊びが大好きです。早く寝てほしくて、「そろそろ上がりなさい」と急かす親御さんが多いと思いますが、ここは急かさずゆっくり遊ばせましょう。目安は20分程度。**お風呂での遊び時間がしっかり確保できると、子どもは満足するうえ、疲れて早く寝入ってくれます。**今まで遅くまで騒いで、なかなか寝ついてくれなかった子どもがストンと寝てくれるようになるのは、親にとってはありがたいこと。子どもをお風呂に入れるのが楽しくなるでしょう。そして、夜にコーヒーを飲んだり本を読んだりと、ほっと一息つく時間を確保できるようになります。

そして、**お風呂の中での遊びは、子どもの学習にも大いに役立ちます。**

お風呂でゆっくり遊ぶと、満足するし、早く寝ついてくれる

例えば、数を数えさせる遊び。**幼児期に、お風呂の中で数を数える習慣のあった子どもは、大きい数にもすぐに慣れます。**お風呂に貼れる数字の表などを活用すれば、子どもは毎日、お風呂に入るたびにそれを眺め、自然に読み上げ、数を覚えていきます。

あるお父さんは、ガチャガチャの透明ケースをお風呂遊びに活用し、中に入れる水の量で湯船での沈み方が変わることを教えました。こういう能力開発につながるような遊びを毎日経験できるのがお風呂のメリットです。

そして、「夜のお風呂遊び」で寝る時間がある程度一定になると、朝学習が早く習慣化して、生活リズムが固定化します。寝る時間と起きる時間を固定化することは、心身ともに健康な、賢い子どもを育てるのに重要なことです。

●3人の子どもを市内トップ校に進学させた、専業主婦の伊藤さんの場合

長男、長女、次男の3人すべてを、市内で最も偏差値が高い高校に進学させた伊藤さん。

一番上の長男が小学2年生のときから、３人そろって朝学習をスタートさせました。

そのころから、伊藤さんは毎日の生活リズムの固定化を意識。朝起きる時間、子どもたちが学校から帰ってきてから夜ご飯までのスケジュール、そして寝る時間を固定化し、日々実行していました。

中でも就寝時間は「21時」と決め、小学6年生まで徹底。小学校高学年になると、なかなか21時には寝てくれなくなるものですが、早くから習慣にしたことで３人ともすんなり寝てくれたそうです。

平日だけでなく、週末も起きる時間、寝る時間は変えず、スケジュールをしっかり決め、学習だけでなく運動もさせていたそうです。このおかげで、３人は心身ともに健康で、文武両道、勉強の成績もスポーツの成績もいい子どもに育ちました。

生活リズムが固定化すると、学習時間が確保できるうえ、子どもの毎日の疲れもしっかり取れます。親も自由な時間が確保できるようになるので、「夜の自由時間のために頑張ろう！」と一日モチベーション高く頑張れます。

第4章

「朝15分学習法」を続けるコツ

朝学習は、「まずは1回やってみる」ことが何より重要です。1回やることができたら、次の日もその日と同じように行動するよう意識しましょう。例えば、何時にお風呂に入れたか、何時に寝たかなどを記録しておき、それを踏襲するといいでしょう。

そして、何より大切なのは「早起き」です。早起きを阻むことをなるべく排除した生活を心がけましょう。

今日やるべき学習が終わっていなくても、早寝を優先

学習させるべきか、生活リズムを優先すべきかで悩む親御さんは多いです。

「やるべきことはその日のうちにやり切らないと、子どもにサボリ癖がついてしまう」という声もよく耳にします。

一方、「宿題は19時までに終わらせなさい」とゴールを決めたところで、集中せずにダラダラと学習する子どもは少なくありません。「19時になったら解放される」とわかっているから、それまでの時間を稼ぐためにダラダラしてしまうのです。

親御さんの心配はごもっともですが、朝学習を習慣化させるためには夜更かしは厳禁。**寝る時間を優先し、やり残した学習は翌朝仕上げさせましょう。「やり終わるまで寝かせない」よりも、早く寝て朝に取り組ませたほうが短時間に集中してできるので効率的です。**

●教室で寝てしまう、4歳・大和《やまと》さんの場合

4歳の男の子・大和さんは、教室で出した宿題を一度も忘れたことがありません。でも、教室に来て学習を始めると、なぜか泣き始めてしまいます。そして、散々泣いた後に泣き疲れて、学習せずに寝てしまうのです。

そこでお母さんに、大和さんの寝る時間を聞いたところ、「昨日は23時まで教室の宿題を

させていました。寝たのは24時前です」とのこと。4歳の子どもが、24時就寝！ 眠さのあまり機嫌が悪く、泣いてしまっていたのです。私は驚いてこうお願いしました。

「宿題をやり切るのは大切なことですが、睡眠時間の確保のほうが大切です。夜はなるべく早く寝させるようにしてください」

さらに大和さんへの宿題の量を少し減らし、負担を軽くしたところ、早寝ができるように。教室で泣くことも減り、寝てしまうこともなくなりました。そして成績も学習姿勢も、以前に比べて格段に良くなりました。

遊び、夕食、お風呂の時間は固定する

小学校に上がると、友だちの数はぐんと増えます。その中には、学校から帰ると、宿題も

「我が家のルール」を決めて守ると、生活リズムができる

せずにいきなり遊びに出かける子もいれば、家に帰らなければならない時間が決まっていない子どももいます。そういう友だちに振り回され、生活のペースが乱れてしまうと、朝学習を継続することはできません。

そういう友だちとは遊ばない、ではなく、「我が家のルール」を決めてそれを通しましょう。**学校の宿題が終わってから遊びに行く、17時までには自宅に帰ってくる、というのがお勧めのルールです。**加えて**夕食、お風呂、就寝時間も固定することで、子どもに生活リズムが定着し、自然に早起きもできるようになります。**

●小学1年生の子どもを持つ、山本さんの場合

小学校に上がったばかりの舞《まい》さんは、喘息持ちではありますが活発な女の子。学校でも人気者で、毎日友だちから「学校が終わったら遊ぼう！」と誘われます。

お母さんは、舞さんが友だちと遊ぶのは大賛成でした。でも、友だちのペースに合わせて

いたため、暑い日に外で遊ばせすぎて喘息の発作が出てしまったり、家に遊びに来た友だちがなかなか帰ろうとしなかったり、ということがたびたびありました。

そこでお母さんは、「学校の宿題など、やるべき学習が終わってから遊びに行く」「17時までには帰宅する」というルールを決めました。

そして、宿題をせずにすぐ遊びに来て、17時をすぎても帰らない友だちには、「うちは勉強が終わってからでないと遊べないから、終わるまで待っていてね」、「17時になったら、遊びは終わりにしてね」とハッキリ言うようにしました。すると、友だちも納得し、舞さんの学習が終わるまで待ってくれるようになり、17時には家に帰るようになりました。

子どもが小さいころは、親は「子どものためにママ友と仲良くしなければならない」と思い込みがちです。ルールを決めることで、子どもの友だちや、その親にどう思われるだろうか…と気にする人もいるでしょう。でも、「舞ちゃんのお母さんは怖い」「教育ママだ」と思われたっていいのです。

私にもそんな時代がありましたが、我が子が成人していま思うことは、我が子の友だちもママ友も、結局は価値観の合う人とだけ関係が続いています。

人間関係に気を揉《も》むよりも、子どもの生きる基盤を固める大切な成長期に、子どもの生活リズムを整えて、心も体も健康に育つよう生活することのほうがよほど重要。すべての人に好かれようと思わなくていいのです。

テレビ番組に合わせた生活はしない

観たいテレビ番組のために夜更かししたり、学習時間を削ったりするのはよくありません。テレビに生活を合わせるのではなく、生活にテレビを合わせましょう。**観たいテレビ番組は録画をして休日にまとめて観るのがお勧めです**。「平日はテレビなし」と決めてしまうのも、慣れれば悪くないものです。

●観たいテレビのために夜更かししてしまう、中学3年生・まどかさんの場合

まどかさんの楽しみは、学校で友だちと昨日観たテレビ番組の話をすること。そのため、夜はついダラダラとテレビを観てしまい、学習は後回しになってしまっていました。夜更かしのせいで、授業中にうとうとしてしまうこともしょっちゅう。当然ながら、成績もずるずる下がってしまっていました。

中学生の女の子にとって、友だちとの会話に入れないことはつらいもの。成績のことを心配したお母さんが何度注意しても、まどかさんは当初まったく聞く耳を持ちませんでした。しかし、まどかさん自身も内心、成績が下がっていることに悩んでいたのです。

そこで私は、学習を優先することを前提に、観たい番組は録画をし、翌日早起きして観ることを提案しました。すると、「テレビも観られて、成績も上がるならばやる！」と前向き

に取り組んでくれたのです。

その日からまどかさんは、**観たい番組は録画して早めに就寝し、朝学習が終わった後に大急ぎで観てから学校に行くようになりました。**録画ならばCMがカットできるので、意外に早く観終えることができるのです。

これが習慣化したことで夜更かしも減り、授業中に眠くなることもなくなったそうです。もちろん、成績も少しずつ上がっていきました。

休日も、生活リズムは崩さない

月曜日に必ず、教室でぐずる小学3年生と小学1年生の姉妹がいました。学習に支障が出るし、周りの子どもにも影響が出るので、原因を突き止めるべくお母さんに「日曜日のすごし方」を尋ねました。

すると、驚くべき答えが返ってきました。日曜日は毎週決まって家族で外出し、お買い物の後にテーマパークで遊ぶのだそうです。帰宅はいつも22時を回るとのこと。「お父さんが日曜日しか休めないので、その日は家族一緒に思い切り遊びたいんです」とおっしゃっていました。

大人の感覚では、「せっかくの休日なのだから夜遅くまで遊ぼう」というのは普通の感覚かもしれません。しかし、いつも20時に寝ている子どもが、日曜日だけ深夜に寝るというのはどうでしょう。22時すぎに帰宅ということは、お風呂に入らせていたら就寝時間は23時をすぎてしまいます。翌日は学校があるので、いつも通りの時間に起きないといけません。前の日の疲れが取れないまま月曜日に突入してしまっているようでは、眠くて機嫌が悪いのも当たり前です。

子どもが普段よりも3時間遅く寝るというのは、大人が考えるよりも体に負担をかけます。1日夜更かしさせると、1週間の生活リズムが崩れ、学習にも大きな影響を与えてしまいます。

お出かけはできれば土曜日にして、日曜日は休養に充てましょう。そして、土曜日も日曜

日も、平日と同じ時間に寝かせることを遵守しましょう。

朝学習が習慣化するまでは、「お酒の量」を決めておく

朝学習が習慣化すると、子どもは自分で起きて勝手に学習するようになります。しかし、習慣化するまでは親のサポートが必要不可欠です。

「今日は二日酔いでしんどいから」など、**親の都合で「今日はしなくていい。明日しなさい」というのは絶対にNG**。それをアリにすると、子どもは「今日は眠いから、明日にさせて」と交渉してくるようになります。習慣化するまでは、親も生活リズムを崩さないよう努めましょう。

私はお酒が大好きで、毎晩主人と晩酌をしています。飲む量を決めていないときはつい飲みすぎて、翌朝寝すごしてしまうこともありました。でも今は、お酒を飲む量を「○○を○杯まで」などと決めています。飲む量を決めてからは、早起きが苦ではなくなり、今では毎朝4時に起床し、5時には主人と朝ご飯を食べています。

子どもの生活習慣を整えることは親の大切な役目ですが、親もプライベートを楽しむことは大切です。飲酒の習慣があるならば、「子どものために飲むのをやめる」のではなく、量を明確に決めてストレスを上手に発散するといいでしょう。

第5章

「朝15分学習法」年齢別・早起き学習のポイント

朝学習は、何歳からでも始めることができます。この章では、お子さんの年齢別に、その学習内容と、朝学習を習慣化させるコツについて説明していきましょう。

0歳から2歳までに「習慣化させるコツ」

何歳からでも始められる朝学習ですが、最もお勧めしたいのは、**親がコントロールできる0歳から始めること**。脳が急速に発達する2歳までに習慣化させると、毎日学習することがごく自然になり、前向きで賢い子どもに育ちます。お座りができるようになる6カ月ごろから、徐々に始めるといいでしょう。

「0歳の赤ちゃんに、学習習慣だなんて」と思われるかもしれませんが、0歳から朝学習を取り入れ、生活リズムを整えれば、それが幼稚園になっても、小学生になっても、中学・高校に上がっても習慣として続きます。

よく、**「夜遅く帰ってくるお父さんのために、赤ちゃんを起こしておく」**というお母さん

お座りができるようになる
6カ月ごろからスタート

がいますが、絶対にやめてください。いつも教室でボーッとして眠たそうな子どものお母さんに、何時に寝ているか聞いたところ、「赤ちゃんのときから22時か23時」と言われ驚いたことがあります。夜更かし赤ちゃんは、夜更かし小学生になります。悪いリズムをつけないためにも、赤ちゃんのうちから早寝と朝学習を行いましょう。

なお、2歳までは、脳の神経細胞がどんどん増加する期間で、3歳から7歳までは、取り込んだ情報のうち使わないものをどんどん消して必要な情報や細胞を残す期間といわれています。つまり、3歳から7歳までは脳細胞が減っていくことになります。そして7歳から10歳は神経細胞の数は増えずに成長して、ほかの神経細胞とつながっていきます。こうして10歳ごろまでに大人の脳ができあがり、自分のことを客観的に見たり、広い視野で物事を見られるようになります。

つまり、**2歳までに良質な刺激を与えてあげれば、その成長は加速します。しかし、2歳までに良質な刺激が少ないと、ことばの発達が遅れることもあるようです。**

したがって、「1歳2歳を逃すのはあまりにもったいない!」のです。3歳児とは吸収力が大きく異なるので、ぜひ0歳から学習習慣をつけ、1～2歳で大きく伸ばしてあげましょう。

●0歳から2歳までのお勧めの学習内容

■「ことばカード」

0歳から2歳までの子どもは、知的好奇心を満たす遊びがいいでしょう。まずお勧めしたいのは、ひらがなことばカードです。

一昔前は、「幼児教育はインプットが第一」といわれていました。例えば、カードを見て、そこに書いている絵と文字を覚えさせるというものです。

しかし今は、**インプットしたときの子どもの反応（アウトプット）に「親が気づいてあげる」ことで、インプットの効果が高まる**といわれています。「よく言えたね！」「よく覚えてるね！」などと反応してあげると、子どもはいじらしくも「もっと覚えよう」と思うようになり、賢く育つのです。

私は、カードのインプットに対する子どものアウトプットを、次の4ステップに分けて記録しています。

1ステップ「じっと見る」
2ステップ「指さしできる」
3ステップ「真似して言える」
4ステップ「覚えて言える」

与えるカードは何でもいいですが、**文字を覚えさせたいならば「2文字のひらがなことばカード」がお勧め**です。

私自身、こんな経験があります。約20年前、まだ幼い娘に文字を教えるため、ひらがな1語の積み木を使いました。でも、「らいおんの『ら』、ねこの『ね』」などと教えても、なかなか覚えてくれません。そこで、2文字のひらがなことばカードを与えてみたところ、

文字を覚えさせるには、「2文字のひらがなことばカード」がお勧め

「あ！　いかの『か』と、かさの『か』は同じなんだ！」

と気づいたのです。初めて読めるようになったのは、この「か」でした。

子どもは2文字だと、「いか」はいかと読んでこのようなカタチをしたもの、「かさ」はかさと読んでこのようなカタチをしたもの…と認識し、文字をかたまりで覚えるようです。娘も、「同じものを見つける」という方法に気づいてからあっという間に文字を読めるようになりました。

ひらがなことばは、生活で体験したことがあるものを与えると、よく覚えます。例えば、夏だったら「すいか」や「なす」はすんなり覚えてくれます。きっとお母さんとの買い物のときに見たり、食卓でおいしく食べたりしたのでしょう。

なお、**2歳になったら、四字熟語や慣用句、ことわざのカードもお勧めです。**四字熟語は漢字なので難しいだろうと思われるかもしれませんが、子どもにとっては響きが面白いようで、字面と絵と音で覚えてくれます。例えば「四苦八苦」なんて、音が短くて面白いと感じてくれるようです。

四字熟語や慣用句をたくさん覚えたら、次は俳句もお勧め。幼児向けの俳句カードも数多く売られていますので、ある程度俳句を覚えたら、百人一首にいく…と段階を踏んでいきましょう。2歳児ならば、2週間に1首ペースで覚えるぐらいがいいでしょう。

「折り紙」

折り紙も、知的好奇心を刺激するアイテムです。子どもの好きなものを、お母さんが折り紙で折ってあげましょう。

折り紙で作るものは、食べ物でも、キャラクターなど子どもの好きなものであれば何でもOKです。そして、精密に折る必要はありません。ただし、色はそのものに合わせてください。

例えばすいかであれば、赤と緑の折り紙を重ねて、2色が見えるように折ればOK。ばななであれば、黄色い折り紙を2つ折りにすればOKです。そして、色がついている表面に「すいか」「ばなな」とペンで書いて、それを読ませるのです。すると、「赤くて外側が緑なのはすいか」「黄色いのはばなな」と自然に覚えるようになります。それを1日目は1つ覚えて読み上げ、2日目は1つ追加して2つ読み上げ…と1つずつ追加していくようにしましょう。

1カ月たつと、30個の折り紙がたまり、30個の名前を読み上げることになりますが、30を超えると1〜2歳児は疲れてしまいます。その場合は、違う分野の折り紙を1からスタートするといいでしょう。例えば、フルーツシリーズで30個の折り紙を作り、覚えたのであれば、次は動物シリーズにする、など。

子どもが食べ物好きであれば、茶色と白の折り紙で「みそしる」など献立シリーズでもいいですし、電車が好きなのであれば、白と紺と赤で「つばさ」などでもいいでしょう。子どもが「これは〇〇」と実感を得られるものであれば、何でもOKです。

折り紙で作るものは、子どもの好きなものであれば何でもOK

「絵本」

定番の絵本の読み聞かせも、もちろんお勧めです。

親は「名作」を聞かせたがりますが、**0〜2歳であれば子どもが興味を持てる「絵」かどうかが大事。**かわいい絵が好きであれば、「ノンタン」や「うさこちゃん」などであれば、子どもが興味を惹かれ、読み聞かせにも興味を持ってくれます。中には、『モチモチの木』みたいなハードタッチの絵が好きな幼児もいましたので、子どもの好みを注視し、それに合わせるといいでしょう。

読み聞かせは、子どもが多くのことばに出会い、ことばに興味を覚えるきっかけになります。好きな絵の絵本を何でも読んでもらうことで、自然にことばが頭に入り、定着していくのです。

そして実は、読み聞かせをしているときの親御さんは、「前頭葉」が活性化しているとい

定番の絵本の読み聞かせが、お勧め

うデータがあります。前頭葉は、志向ややる気、感性や性格などを司っています。**読み聞かせをすることで、子どもがことばに興味を持ち覚えるだけでなく、親子の心の交流ができ、絆《きずな》がより深まるという効果もあります。**

一方、**読み聞かせを受けている子どもは、「原始脳」が活性化しています。**原始脳とは、人間として生きるために必要な機能を司る脳。子どもの、生物としての成長にも大いにつながるので、ぜひ毎日続けていただきたい習慣です。

●0歳から2歳までの学習姿勢

賢い子どもは、たとえ2歳以下の幼児であっても、座り姿勢がいいのが特徴です。

教室に来る子どもたちは、私にいろいろなことを教えてくれます。私は常に、「集中して学習できる賢い子どもと、集中できない成績不振な子どもでは何が違うのだろう」という視点で子どもたちを観察していますが、その中の一つが「学習姿勢」。

集中して学習できる子どもは、実に姿勢が美しいのです。**腰椎を立てて椅子に座り、頭は学習中も前に軽く傾けるのみ。**そして利き手で鉛筆を持ち、もう片方の手で軽くプリントを押さえて学習します。

一方、そうでない子どもは、右利きならば左に、左利きならば右に体が大きく曲がり、上腕部に頭を乗せて机に寝そべるような姿勢でいます。足をぶらぶらさせて遊んでいる子どももいます。なお、幼児の場合は、頭を左右に傾けすぎると、眠くなってしまうようです。

そこで、私の教室で学習を始めた生徒には、**まず「集中して学習できる子ども」の椅子の座り方を教えるようにしています。**まずは学習するための「型」を覚えてもらい、それを基礎に学習能力を高めていくと、成果が早く出やすいようです。

この姿勢は、1歳でも2歳でも、問題なくできるようになります。上手に座れたら、「今日はちゃんと座れたね」と褒めてあげましょう。子どもは「こう座ればいいんだ」「ちゃんと座るっていいことなんだ」と理解し、勉強のときはこう座ろうと思ってくれるようになります。

集中して学習できる子どもは、姿勢が美しい

そして2歳児ならば、小学生と同じ作法を守って学習ができるようになります。**座らせる椅子の座面の高さは23センチ、机の高さは42センチ程度がいいようです。**そうすると、正しく椅子に座り、姿勢よく鉛筆で書くことができるようになります。鉛筆を持てるようになったら、塗り絵、迷路、お絵かきなど、鉛筆で書く学習を加えていきましょう。

●15時以降のお昼寝は思い切ってなくす

お昼寝をさせる時間の判断基準は「夜の睡眠の妨げになるかどうか」です。

生後3カ月くらいまでは、特に時間を気にする必要はありません。いつお昼寝をしても、夜もよく眠ることができる月齢だからです。

4～5カ月になると、お昼寝の回数は2～3回に減ります。子どもによってリズムが違いますから、お昼寝の時間を記録し、「夜によく眠ることができた日の前日は、何時にお昼寝をさせたのか」チェックするといいでしょう。翌日から、毎日その時間にお昼寝できるように、ミルクの時間や遊びの時間を調整して生活すると、子どもが夜によく眠るようになり、親御さんの生活がぐんと楽になります。

1歳前後には、15時以降のお昼寝は思い切ってなくしてしまいましょう。 15時以降のお昼寝は夜に響き、夜なかなか寝なくなってしまうからです。

眠そうになっても、何とか起こしておいて16時半から17時ごろに夕食を食べさせてしまいます。それからゆっくりお風呂に入れて18時に就寝させれば、子どもに生活リズムがつきますし、親御さんも夜の自由な時間を確保できるようになります。

●2歳までは、TPOのしつけがしやすい

私の教室では、子どもが1人で学習できるようになるまでは、スタッフがマンツーマンでついて一緒に学習します。マンツーマンで対応するスタッフは、私がスカウトした「子どもを優秀に育てた賢いお母さん」ばかりです。

1歳や2歳の子どもも数多く教室に通っていますが、それぐらいの歳だと、学習中に急にお母さんを思い出して泣きだしてしまうことがあります。そんなときスタッフは、子どもをお散歩に連れ出して気持ちを落ち着かせたうえで、「教室では泣きません」と約束をして帰ってくるようにしています。

そして、**しっかり学習できたら「ちゃんと座ることができたね」「しっかり描くことができたね」と、できたことを笑顔で褒めます。**すると、徐々に子どもの中に「教室ではこうして学習するものだ」という規範が作られていきます。この積み重ねが、TPOをわきまえた立ち居振る舞いにつながっていくのです。

このようにしてしつけられた子どもは、2歳でもまるで小学生のように落ち着いて学習できるようになります。

また、**2歳ぐらいまでの子を持つ親御さんが苦労するのが、子どもの声のコントロール。**

幼児は、声の大きさをコントロールするのが苦手です。子どもが電車の中など公共の場でギャーッと大きな声ではしゃぎだし、慌てたことのある親御さんは多いことでしょう。しかも、幼児の大声は、やけに響くのです。

意味のない話を繰り返しているのであれば、「静かにしましょう」と注意するのもいいのですが、子どもの話を聞いてあげなければいけない場合もあります。

そんなときにお勧めなのが「こしょこしょ声で話そう」と伝えてあげること。もちろん、伝えるときはこしょこしょ声で。

幼児の場合は「静かに！」と叱るよりも、この表現が一番わかりやすいようです。電車内だけでなく、レストランに行ったとき、図書館に行ったときなどにも使えますし、「こういう場では、こしょこしょ声で話さなければいけないんだ」というマナーの規範が作られていきます。

目で見て言って聞かせ、我慢を教える

私の教室では、乳幼児用の学習プログラム「からだプログラム」というものがあります。このプログラムでは、ことばや数、理科や社会に興味を持たせるカードや英語学習、指先を使ったトレーニングや認識力を育てる遊びなどを行います。**子どもたちに人気なのがサイコロ遊び。サイコロを転がせて、出たことばカードと同じものを探します。サイコロを転がす順番はじゃんけんで決めます。順番を待つのは大切なトレーニングです。**

思い通りにならないことを我慢する、感情をコントロールできるようになる、ルールを守る。この3つは、4歳までにしっかり教えなければなりません。なお、じゃんけんは大変レベルの高い遊びです。グーやパーはできてもチョキを出すのは難しい。また、勝つために何を出すか考えるのはかなりレベルが高く、なかなかできるものではありません。もし、子どもが相手はいつもグーしか出さないとわかってパーを出したときは「すごいね！　考えてじゃんけんできたね！」とすかさず褒めましょう。

2歳児は、わざとお母さんに叱られるようなことをすることがあります。そんなときは、子どもの目を見て怖い顔をして叱ります。その際、ダラダラと叱るのではなく、「汚いからダメ！」「危ないからダメ！」と短いことばで言って聞かせます。そうしないと、子どもは何で叱られたのかわからず、嵐が通りすぎるのをただ待つだけになり、まるで効果がありません。

叱られていることと原因がわかれば、子どもはルールを守り、我慢するようになります。正しく叱ることも、幼児期の大事なトレーニングになるのです。

●2歳で学習デビューした凜花《りんか》さんの場合

凜花さんは2歳で朝学習デビューしました。

凜花さんは、慣用句やことわざのカードが大好き。2歳の時点でカードを暗唱し始め、例えば「うたがう」など幼児が使わないことばを使うようになりました。同時に、二語文のテキストを50枚読むという学習も始めました。例えば「赤い・花」など。それが読めるようになったら、「赤い・花が・咲く」など三語文に増やしていきました。

そして5歳になったころ、凜花さんは「けれど」「つまり」などという接続詞を上手に話しことばに加えるようになりました。例えば、「つまり、これってこういうことだよね？」など。小学生でも接続詞をうまく使えない子が多い中で、しっかり習得できていることに驚かされました。

こんなエピソードがあります。

凜花さんが7歳のとき、英語の学習を始めたのですが、「難しいからやりたくない」と泣きだしたことがあります。私が「どこが難しいの？」と尋ねると、こんな答えが返ってきたのです。

「一つひとつの単語が長いので、スペルが覚えられない」

「こんなことを言う私は甘えているし、わがままだとはわかっている。わかってはいるけれど、難しく感じて泣いてしまう」

わずか7歳でこんなにことば豊かに、自分の気持ちを説明してくれたのです。凜花さんが考えていることと、その表現の仕方の賢さに、私は舌を巻きました。

ちなみに凜花さんは、10歳のときに受験した四谷大塚のテストで全国1位を取りました。今では難関中学への入学を目指し、朝学習を中心に積極的に学習に取り組んでいます。

3歳から5歳までの「習慣化させるコツ」

5歳までは、できることなら19時までに就寝させましょう。子どもによって生活リズムは異なりますが、19時までに寝かせられれば幼児期に必要な睡眠時間を十分に確保しつつ、翌朝5時もしくは6時にすっきりと起床させることができます。

●TPOをわきまえるしつけは4歳までに

「2歳まではTPOのしつけがしやすい」と前述しましたが、できれば遅くとも4歳までにはしつけに取り組んでいただきたいと思います。このころまでに、子どもの中に「自分なりの規範」ができ上がってしまい、大人の指示に従わなくなってしまうからです。

4歳までに学習習慣が身についていないと、非常に手がかかるケースが多いのが現実です。教室内で大声を出したり、学習が始まっているのに走り回ったり。テストを始めても、何もせずボーッとしている子どももいます。つまり、「家」と「教室」の区別がつかず、教室に来ても家にいるかのように自由にふるまってしまうのです。

こういう場合、教室では「教室は学習をする場所であって、大声を出したり走り回ったりしてはいけない」「教室ではルールを守らなければならない」と何度も繰り返し教えますが、一度自分の中に規範ができ上がってしまうと、「お母さんの言うことは聞くけれど、先生の言うことは聞かない」という子どもが多く、定着するまでに時間がかかってしまいます。

4歳ごろまでに、ルールを守ること、待つこと、我慢することを何度も繰り返し教えましょう。諦めずに同じことを何度も繰り返すことで、徐々に子どもにも定着します。そして「家と外とは違う」ことも理解できるようになり、TPOをわきまえることができる子どもに成長します。

●3歳から5歳までのお勧めの学習内容

■「塗り絵」

すでに学習習慣がついている子どもであれば、計算がお勧め。朝学習デビューには、すらすら解ける計算問題のドリルを与えるといいでしょう。難しい問題よりも簡単にサクサク取り組めるもののほうが、習慣化しやすいのです。

「塗り絵」は、作業力を育てるのに効果的

まだ学習デビューしておらず、座る練習から始める場合は、迷路や塗り絵から始めましょう。塗り絵は、作業力を育てるのに大変効果的。まずは何色で塗ってもいいし、ワクからはみ出してもいいので、好きなように塗らせてあげてください。

ただ、いきなり初めから塗ることができる子どもはほとんどいません。**初めはクレヨンやマジックによる「トントン描き」から始めましょう。**塗り絵の中を、好きな色で好きなようにトントンさせる。そして「上手にトントンできたね！」と褒めてあげましょう。

そうすれば、そのうち**ぐるぐる円を描く「ぐるぐる塗り」**や、**斜めに線を引く「斜め塗り」**ができるようになり、そこから縦線、横線が引けるようになります。

これらは0歳児からできる学習ですが、学習習慣がない子どもであれば3～5歳からでも十分効果があります。

「迷路」

塗り絵で曲がった線が引けるようになったら、次のステップとして「迷路」にチャレンジしましょう。

迷路は「書く力＝運筆力」が養われます。運筆力がないと、一文字一文字を書くのが苦痛で、学習がつらくなってしまいます。運筆力が身につくと、学習が楽に進められるようになり、集中力と継続力が養われ、朝学習も早期に習慣化することができます。

迷路は、いきなり難しいものを与えると子どもは視覚で「できない！」と嫌がりますので、少し簡単すぎるかもと思うものを与えるといいでしょう。鉛筆は、運筆力がつくまでは軟《やわ》らかい6Bがお勧め。鉛筆の芯が硬いと、手が疲れてしまい嫌がる子どもが多いのです。軸が長すぎる鉛筆も、遠心力がかかり手に負担をかけるので、短めのものを使うようにしましょう。

迷路は、思考力も養います。きれいに迷路をたどるには、先を予測しながら線を引かなければなりません。そのためには鉛筆の先だけを見ていてはだめ。広い視野で迷路全体を捉え、

「迷路」は「書く力＝運筆力」が養われる

考えながら作業を進める力が身につきます。

たとえ能力があっても、書く力が弱いと量をこなすことができません。塗り絵や迷路をたくさん学習させて子どもの書く力を高めておくと、ゆくゆく自分の能力よりやや高めの学習に取り組む際も、途中で疲れることなく、頑張り抜くことができるのです。

6歳から12歳までの「習慣化させるコツ」

9歳までは、20時に就寝させましょう。10歳をすぎたら、寝る時間を多少遅くしても大丈夫です。

子どもの脳は、10歳までに「大人と同等の脳」に成長するといわれています。それまでは、脳の進化の時期。10歳を境に、判断力や記憶力もぐんと上がります。そして、複数の物事の共通点を見つけ、一つにまとめて考える「抽象的思考」もできるようにもなります。

したがって、**10歳を区切りに「中学生になる準備」として就寝時間を少し遅くしても問題ありません。とはいえ、小学生の間は21時までがベター。**もちろん、子どもが早く眠りたいというのであれば、20時就寝でも問題ありません。

●電子タブレットの主導権は親。そして時間を決めて使わせる

今の時代、0歳からタブレットやスマートフォンを見せている親御さんは少なくありません。私の教室に面談に来るお母さんが、子どもにタブレットを渡し待たせている姿をよく見かけます。

ただ一方で、「子どもがタブレットやスマートフォンばかり見ている」と悩む親御さんも多いようです。小さなころから慣れ親しんでいるせいか、タブレットやスマートフォンが生活の一部になってしまっているのです。

小学生になれば、友だちとＬＩＮＥをしたり、ＳＮＳチェックに没頭したりする子どもも増えますが、タブレットやスマートフォンに費やす時間は、著しく学習時間を侵食していきます。「１日〇分まで」などと家庭できちんとルールを作り、それを絶対に守らせましょう。**「19時になったら、家族がいるリビングルームで充電させる」と決めるのもお勧め。「今日はこれでおしまい」という合図になり、自然と就寝できるようになります。**

アプリで管理する方法もあります。例えば「モバイルフェンス」などのアプリを使えば、親が子どものスマートフォンの使用状況がわかるうえ、勉強に関するアプリは使用時間を無制限に設定するなどアプリごとの管理もできます。就寝時間をブロック時間帯に設定すると、子どもが夜中にこっそりスマートフォンを使うこともできなくなります。

小学生のときからルールを作り、それをしっかり守らせれば、中学生、高校生になってもルールを守ってメリハリある使い方ができるようになります。高校生になると、友だちにオンラインゲームに誘われるようになりますが、「その時間は勉強の時間だから」ときっぱり断れるようになります。

「1日○分まで」と、家庭でルールを決めよう

6歳から12歳までのおススメの学習内容

6〜12歳に朝学習デビューさせる場合は、すらすらできる計算がお勧めです。すでに朝学習を習慣化させている場合は、**新しい単元の例題を見せながら学習させる「例題学習」をするといいでしょう。**例えば分数だったら、同分母の足し算をクリアしたら、次は異分母の足し算の例題を見せ、自分で理解して解かせる…というもの。こうすれば、今までの知識をもとに新しい単元を一つひとつクリアしていく楽しさを覚えることができ、新しいことをどんどん自分で開拓していけるようになります。

ただ、新しい単元に移る際に、つまずいてしまう子どもも少なからずいます。そういう場合は、次の頼人さんの例をぜひ参考にしてみてください。

●甘え癖のある10歳・頼人《よりと》さんの場合

頼人さんは元気いっぱいの男の子。学習にも熱心に取り組んでいて、宿題を理由なく忘れたことはありません。

ただ、新しいことを学ぶときや、間違いを指摘されたとき、つい甘えてしまう癖がありました。今までの学習をもとに考えたり、どこで間違ったのか振り返ったりすればすぐわかることなのに、すぐ「先生教えて〜」と甘えてくるのです。

これは、賢い子どもに多く見られるのですが、わからなかったり、間違えてしまったりしたことにショックを受けると、早く答えを教えてもらうことで「ショックなことを早く終わらせようとする」傾向があります。でも、これでは新しいことを習得する力がつきません。

私は彼が甘えてきたら、答えを教えるのではなく「ヒント」を与えるようにしました。初めはそれでも「教えて〜」と甘えてきましたが、ヒントを多めに出し、考える時間を増やすようにしました。その後も、「教えて～」が出るたびに、ヒントを出して考えさせ…を繰り返しましたが、徐々にヒントの数を減らしていくことで、だんだん自分で考え、答えを出せるようになりました。

今では、学んだことのない内容に挑戦する際も例題を見て理解し、自分で解く「例題学習」ができるように。テストの間違いが多くても、そこから逃げずに自分の力で振り返るようになりました。こうなると、家での学習でも「一人で新しい単元に取り組んでみよう」という意欲がわき、さらにぐんと賢くなりました。

もちろん、学習時間中に「教えて～」と甘えることも、集中力を失ってウロウロすることもなくなりました。今、朝学習では中1レベルの方程式にチャレンジしています。

第6章

「朝15分学習法」教科別・学習能力の育て方のポイント

ここでは、教科別に学習能力を伸ばす方法を解説します。得意な教科を伸ばし、苦手な教科を克服するのも、親の対応がカギ。日々の生活の工夫が、賢い子どもを育てます。

国語

高い読書力がすべての基礎に。本好きに育てるには読み聞かせから

本好きの子どもに育てるには、親が絵本の読み聞かせを惜しみなく何度もしてあげることが大切です。**読み聞かせるときのコツは、「親子で絵本を楽しむ」こと。**

勉強させたいという思いが先に立ちすぎて、絵本を指さしながら「木は何本ある？」「この字はなあに？」と聞いたり、読み終わった後に「どんなお話だったか言ってごらん」などという人がいますが、このように子どもに質問してはいけません。度重なると、子どもはだんだん面倒になり、絵本の読み聞かせ自体を嫌がるようになってしまいます。

絵とお話を親子で楽しみ、絵本の読み聞かせの時間がこのうえなく楽しい時間になれば、子どもは必ず本好きに育ちます。

読み聞かせのデビューは、早いに越したことはありません。妊娠5カ月から、胎児の耳は音を拾っているといわれているので、そのころからお腹の中の我が子に向けて読み聞かせを始めましょう。生まれる前からたくさん読み聞かせをしてもらった子どもは、本が大好きというケースが多いようです。

読み聞かせる絵本はどんなものでもOKですが、胎児向けにはお母さんが「この絵本好きだな」と思うものがいいでしょう。お母さんがやさしい気持ちや幸せな気持ちになると、子どもにもそれが伝わるからです。

●読み聞かせデビューがうまくいかないときは？

読み聞かせをしても、なかなか子どもが興味を持たない場合は、この絵本を試してみてください。

0歳から2歳の子どもには、**たにかわしゅんたろうさんの『もこ もこもこ』（文研出版）**、2歳以上の子どもには、**ザ・キャビンカンパニーの『しんごうきピコリ』（あかね書房）**です。

今までに私は、多くの子どもたちに読み聞かせをしてきました。目を引く絵に、一つひとつのことばの響きも心地よく、泣いていても、気分が乗らなくても、これらの絵本を読み聞かせすると、子どもたちは次第に引き込まれていきます。ぜひ試してみてください。

もう一つ、**読み聞かせのお悩みで多いのが、「子どもが勝手に、次々とページをめくってしまう」というもの。**しかし、「本をめくるのはやめなさい」「そんなことをするなら読んであげませんよ」などと叱ってはいけません。

もしかしたらその絵本は、子どもにとって長すぎて退屈なのかもしれません。あるいは、その先に子どもが好きなページがあるのかもしれません。

読み聞かせをしても、なかなか子どもが興味を持たないときは この2冊

2歳以上の子ども

「しんごうきピコリ」
ザ・キャビンカンパニー 作・絵
あかね書房

信号機は子どもたちに人気なアイテムです。信号機が予想外の色に変わり、面白い交通ルールになります。「ぽいーん」など独特なオノマトペ（擬音）に子どもたちは大喜びです。車や街並みの絵も大変魅力的な絵本です。

0歳から2歳の子ども

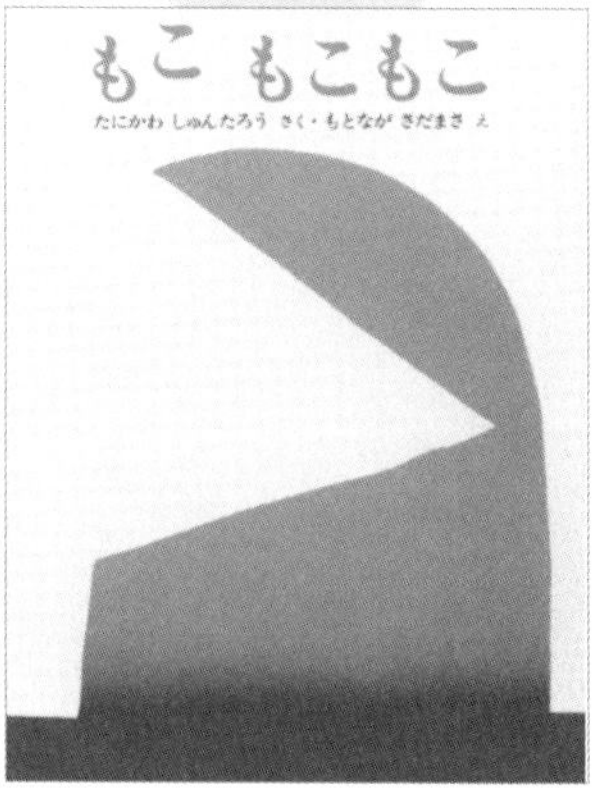

「もこ もこもこ」
たにかわしゅんたろう 作
もとながさだまさ 絵
文研出版

モコッとふくらんだものがどんどん変化していく様に子どもたちは釘づけになります。集中力が続かない子どもにも負担のない長さです。意外な結末に、笑顔になること間違いなしです。

そんなときは、思い切って話を端折《はしょ》ってしまいましょう。子どもがめくってしまったページに合わせて、話を先に進めてしまうのです。子どもの気持ちに寄り添い、どうやったら一緒に絵本を楽しめるか、考えることが大切です。

親が怖い顔をして怒っていると、子どもは読み聞かせの時間が嫌いになりますが、楽しそうにしていれば、子どもはその時間が好きになります。読み聞かせの時間が好きになると、やがて長いお話の絵本でもおとなしく聞けるようになります。

●読み聞かせの途中で、子どもがうろうろしても気にしない

2歳ぐらいの子どもは、お母さんが熱心に読み聞かせをしようとすればするほど、わざと聞きたくないふりをすることがあります。

私の娘もそうでした。読み聞かせをしているのに、おもちゃを持って部屋の隅に行き、私に背を向けて遊び始めてしまうのです。しかしよく観察すると、おもちゃで遊びながらも、

読み聞かせ中にどこかに行ってしまっても、気にしない

背中で私の読み聞かせを聞いていることがわかりました。

そこで、娘の様子を気にしていないふりをして、わざと楽しそうに読むようにしました。すると、徐々に絵本のことが気になり始め、最後には私のところに走り寄ってきました。絵本の結末が知りたくなったのです。

子どもが読み聞かせ中にどこかに行ってしまっても、気にしないこと。お母さんが最後まで楽しんで読み切れば、それで大丈夫。子どもは必ず、耳を傾けています。

●読み聞かせする絵本は、徐々にレベルアップしていく

3歳ぐらいになると、徐々に「絵の好み」が現れ始めます。そんなときは、読み聞かせをする絵本をレベルアップさせるチャンス。ぜひ図書館通いをスタートしましょう。

子どもを図書館に連れて行き、「好きな本を5冊持っておいで」と言ってみましょう。すると、

子どもは自分の好きな絵の本ばかり持ってきます。私の上の娘は、『モチモチの木』(斎藤隆介著／岩崎書店）のようなハードタッチの絵が好みで、下の娘は『ノンタンシリーズ』(大友幸子・キヨノサチコ著／偕成社）のように優しいタッチのものが好き。そこから、読み聞かせる本のバリエーションがぐんと広がりました。

例えば、同じ宮沢賢治の本でも、いろいろな人が絵を描いています。子どもは、好きな絵の本であれば、話が少々長くても、少し難しくても、興味を持ってついてきます。

子どもの興味を広げるためにも、図書館の貸し出しカードは家族全員分を作成し、すべて子どもの絵本を借りるのに使うといいでしょう。子どもに与える本は、「あふれるほど」が正解。読めば読むほどさまざまなことばに触れるため語彙力が上がり、さまざまな表現にも出合うことができます。「ことばの力」そのものが、身につくのです。

私も子どもが小さいころは、図書館をフル活用しました。当時は社宅暮らしで収納スペースも限られていたうえ、専業主婦で夫のお給料をやりくりしていましたから。だから何度も子どもを連れて図書館に行き、いろいろな絵本を借りて、特にお気に入りの絵本だけ購入しました。娘たちはもう成人してしまいましたが、お気に入りの絵本は今も大事に取ってあります。

●生まれる前から読み聞かせを受けていた舞さんの場合

舞さんのお母さんは、舞さんがお腹の中にいるときから絵本の読み聞かせを行っていました。生まれた後も、それまで通り読み聞かせを続行。楽しい読み聞かせをあふれるほど受けた舞さんは、本が大好きな女の子になりました。

小学校に上がったころには、文字の多い本も読めるように。小学1年生のお正月のお年玉は、すべて「ハリー・ポッター」シリーズの購入に充てたのだとか。それを何度も何度も読み返し、中学受験の前も気分転換に読んでいたほど。

大きくなった今は、読書が最大の趣味。休日の前には本をまとめ買いし、ゆっくり読むのが大好きなのだそうです。

舞さんは自分で読み返していましたが、まだ小さな子どもは、気に入った本は何度も何度も「読んで」と持ってきます。もうお話の内容はわかっているのに、絵を見ながらイメージの世界を広げ、次の展開にワクワクしながら楽しんでいるのです。

お母さんからすれば、「またこの本？」と思うかもしれませんが、やがて好きな本は移行していくものです。**子どもが「読んで」と言ううちは、何度でも楽しく読んであげましょう。**

なお、文章の意味を読み取るのが苦手な小学生にも絵本は有効です。文章の意味がわからないということは、「字面だけ読んでも場面を想像できない」ということ。絵本の読み聞かせは、場面をイメージしながら文章を読む、いいトレーニングになります。

●子どもたちに人気の本・読書力がつく本

以前、教室の子どもたちに「好きな本」のアンケートを取ったことがあります。この結果と、私がお勧めしたい本を年齢別にご紹介します。なお、0〜5歳児の「子どもが好む本」

をお母さんに選んでもらいました。

その結果、0歳から1歳児に人気があったのは、かわいらしくわかりやすい絵が特徴の『**ちいさなうさこちゃん（ブルーナの絵本）**』**（ディック・ブルーナ著／福音館書店）**、オノマトペ（擬音）を多く含む『**じゃあじゃあびりびり**』**（まついのりこ著／偕成社）**でした。

0歳から1歳はまだ視力が弱いため、赤や黄色を使ったわかりやすい絵の本がお勧めです。

また、「大きな扉だからゾウさん」「高い扉だからキリンさん」というように、因果遊びを使った赤ちゃん向け絵本も思考力が育つのでお勧めです。

2歳になると、「アンパンマン」「機関車トーマス」などの定番キャラクターの本が人気。

特にトーマスシリーズは男の子に大人気です。いろいろな機関車が出てくるので、機関車ごとの特徴と名前を驚くほど覚えます。

文字を覚え始めたら、**かがくいひろしさんの**『**だるまさんが**』**（ブロンズ新社）**もお勧めです。

3歳から5歳は、**きもとももこさんの**『**うずらちゃんのかくれんぼ**』**（福音館書店）**、**長新太さんの**『**キャベツくん**』**（文研出版）**などストーリーを楽しめる本が人気を集めるように

私の教室でも大人気の
おススメ絵本・本①

0歳から
1歳児に
人気

「ちいさなうさこちゃん(ブルーナの絵本)」
ディック・ブルーナ 著
石井桃子 訳
福音館書店

ウサギは子どもたちに人気のどうぶつです。色がきれいで絵がわかりやすいです。ミッフィーは常に顔が正面を向いているのが、子どもたちを安心させるのかもしれません。

0歳から
1歳児に
人気

「じゃあじゃあびりびり」
まついのりこ 著
偕成社

赤ちゃんがかじっても安心の厚紙絵本です。子どもが手に取りやすいサイズです。びりびりびりやじゃあじゃあじゃあの音が面白いのか子どもたちは声をあげて笑います。

2歳児に
人気

「だるまさんが」
かがくいひろし 作
ブロンズ新社

だるまさんがどてっとなると子どもも一緒にどてっとなる。だるまさんのことばをまねしてだるまさんと一緒に動く、親子で遊べる絵本です。

私の教室でも大人気の
おススメ絵本・本②

3歳から
5歳児に
人気

「キャベツくん」
長新太 文・絵
文研出版

キャベツくんを食べると、食べた動物の体の一部がキャベツになる。子どもたちは「ライオンが食べたら…」とライオンがキャベツになった姿を想像しながらページをめくります。次はどうなるか、わくわくできる絵本です。

3歳から
5歳児に
人気

「うずらちゃんのかくれんぼ」
きもとももこ 作
福音館書店

うずらちゃんとひよこちゃんがどこにかくれたのか探すのが楽しい、さがし遊びの絵本です。子どもたちは「もういいかい、もういいよ」のことばの繰り返しが大好きです。最後はお母さんに会えるのも子どもたちに安心を与えてくれます。

3歳から
5歳児に
人気

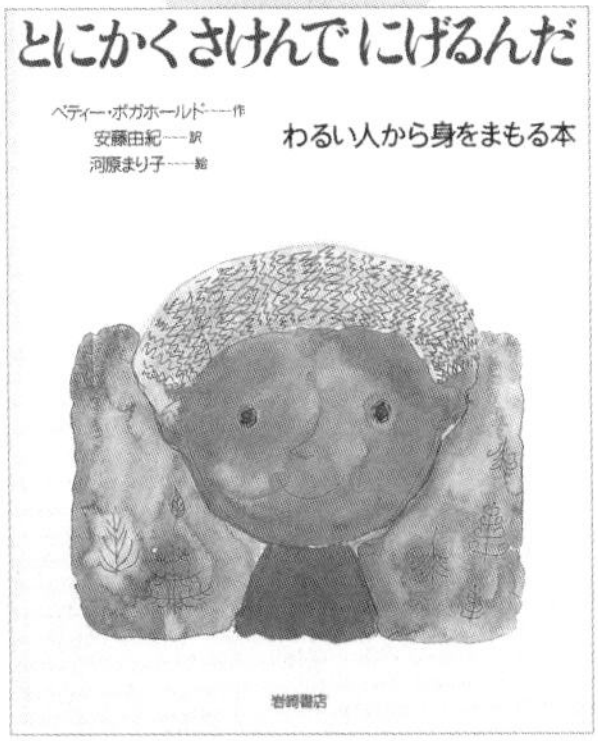

「とにかくさけんで にげるんだ」
ベティー・ボガホールド 著・安藤由紀 訳・河原まり子 絵
岩崎書店

悪い人から身を守ることを我が子に教えるために私が選んだ本です。世の中には誘拐や性被害があること、そして危険な状態から逃げることを教えてくれます。

3歳から
5歳児に
人気

「はじめての世界名作えほんシリーズ〈1〉ももたろう」
中脇初枝 文
山田みちしろ、渡辺由美 絵
ポプラ社

はじめての世界名作えほんシリーズは、子どもたちの心に感動を与えてくれます。わかりやすいかわいい絵も魅力です。子どもが読みやすいサイズで、低価格なのも嬉しいです。

なります。

3〜5歳は、心にずっと残る絵本との出合いがある時期です。ぜひたくさんの絵本に触れさせてあげてください。**『はじめての世界名作えほんシリーズ』（ポプラ社）**は子どもたちにわかりやすくまとめられているのでお勧めです。

この時期の子どもは、絵本を通してさまざまなことを学びます。私は2人の娘が3〜5歳のころ、犯罪に遭遇したときの護身方法を教えるため、**ベティー・ボガホールドさんの『とにかくさけんでにげるんだ』（岩崎書店）**を読み聞かせ、危ないと感じたときはどうすればいいかを説明しました。このように、ぜひ知っておいてほしいことを絵本で教えるのもこの年齢の子どもにはお勧めです。

6歳から10歳になると、学校で流行っている本が人気を集めるようになります。友だちの存在が、自分の好みに影響を与える時期です。

学年ごとに人気の傾向は変わり、6〜7歳は**『かいけつゾロリ』（原ゆたか著／ポプラ社）**、8歳は**『おしりたんていシリーズ』（トロル著／ポプラ社）**、9〜10歳は**「サバイバル」シリーズ（ゴムドリCO.著・韓賢東 絵／朝日新聞出版）**が流行っています。

私の教室でも大人気の
おススメ絵本・本③

「おおきくなるっていうことは」
中川ひろたか 文・村上康成 絵
童心社

3〜5歳児におススメ

初めて長女がお姉ちゃんになるときに与えた絵本です。「おおきくなるということは ちいさなひとに やさしくなれるってこと」を教えたくて選びました。第2子が生まれる前に第1子に与えたい1冊です。

「マジック・ツリーハウス 第1巻 恐竜の谷の大冒険」
メアリー・ポープ・オズボーン 著・食野雅子 訳
KADOKAWA

6〜10歳におススメ

ツリーハウスを使って時空を超えていろんなところに行き、冒険するのがワクワクドキドキするようです。本を読まなかった男の子がこの本をきっかけに本好きになりました。

「水族館のサバイバル1（科学漫画サバイバルシリーズ71）」
ゴムドリco. 著・韓賢東 絵
朝日新聞出版

9〜10歳におススメ

わくわくドキドキの冒険ストーリーを楽しみながら科学や理科を学ぶことができます。男女問わず大変人気のあるシリーズです。

私がお勧めしたいのは、冒険ファンタジーの**「マジック・ツリーハウス」シリーズ（メアリー・ポープ・オズボーン著・食野雅子訳／KADOKAWA）**です。

11歳になると、不思議と選ぶ本の種類が大きく変わってきます。脳の成長の境目にあたる年齢だけに、それまでは「おしりたんてい」シリーズを楽しく読んでいた子どもが、急に歴史の本や偉人の伝記などを読みだすのです。また、**「ぼくら」シリーズ（宗田理著・ポプラ社）**、**「悩み部」シリーズ（麻希一樹著／学研プラス）**も人気です。

歴史ものに興味を持ったら、日本にとどまらず**『世界の歴史』**や**『世界の偉人伝』**も与えましょう。

謎解きなら**「パスワード」シリーズ（松原秀行作・梶山直美絵／講談社）**がお勧めです。

11歳ごろになると、本好きの子どもとそうでない子どもに大きな差がでてきます。このアンケートでも、本好きな子どもは、具体的に自分の好きな本の題名を書き、なぜそれが好き

私の教室でも大人気の
おススメ絵本・本④

11歳以上におススメ

「パスワード
パズル戦国時代」
松原秀行 作
・梶山直美 絵
講談社

謎解きしながら読み進められるのが楽しい本です。登場人物はキャラが立っていて、人間関係についても丁寧に描かれているのが賢い女子に人気がある秘訣かもしれません。

11歳以上におススメ

5分後に意外な
結末「悩み部」の
結成と、その結末。
麻希一樹 著
学研プラス

みんなから持ち掛けられた悩みを解決していくストーリー。子どもたちは、ティーンエイジャーならではの悩みに共感するようです。大どんでん返しの意外な結末も魅力です。

11歳以上におススメ

「ぼくらの
七日間戦争」
宗田理 著
ポプラ社

男の子たちの強い絆と大変なことに立ち向かっていく姿がかっこいいと感じるようです。子どもだけで大人に反抗するところが小気味よく感じるのでしょう。面白さも感動もある本です。

なのかを語りたがりますが、本を読む習慣がない子どもは「わからない」とだけ答えます。友だちの間で話題になっている本があっても、それを読みたいとは感じないようです。活字を読むことに、負担を感じているのでしょう。ここから本好きにさせるのは難しいため、できるだけ幼いころから多くの本に触れさせてあげてください。

子どもたちの間で流行っている本の中にはマンガも多いですが、心配はいりません。私の教え子で、トップの中学、高校に合格した子ども、有名私立中学に合格した子ども、東大や京大に合格した子ども、みんな本だけでなくマンガも読んでいました。本を読む習慣ができている子どもは、マンガだけでなく、自分の国語力に合った本を選ぶことができるようになるのです。

有名私立高校2年、世界史が得意な宏さんは12歳のころ、**『コーラン』『旧約聖書』『アラビアンナイト』**を読んでいたそうです。同時期に有名私立女子中学に合格した女の子には、**『レ・ミゼラブル』（ヴィクトル・ユーゴー著）**が人気でした。東大大学院で学んでいる智美さんは6歳のころ、文体に惹かれて**江戸川乱歩の作品**を好んで読んでいました。

学力の高い子どもたちは皆本が大好きです。本好きに育てば、自分の読みたい本を自分で探し、むさぼるように読むようになります。**「お母さん、読んで、読んで！」と子どもが絵本を持って来るうちに、たくさんの楽しい読み聞かせの時間を親子で共有しましょう。**

●息子を本好きに育てた山本さんの場合

現在高校生の学人《まなと》くんのお母さんの山本さんは、「とにかく本が好きな子にしたい」と独自の子育てをしました。小さいころは、学人君が好きな絵本を、彼の気が済むまで1日に何度も読み聞かせ、年齢に応じて徐々に読むのに数日かかる長編に移行させていきました。そして小学1年生までは、とにかく毎日読み聞かせをしたそうです。

小さなころは、**児童書専門の本屋さんからお勧めの本が届く「ブッククラブ」**を利用したそうです。**福音館書店の「こどものとも」と「ちいさなかがくのとも」**、そしてお任せで1冊2000円ぐらいの絵本を選んでもらっていたそうです。また、お誕生日やクリスマスのプレゼントは、すべて本でした。学人君は当然ながら本好きに育ち、分厚くて難しそうな本でも進んで読むように。文章読解力が高く、国語が得意な高校生に育ちました。

●日常生活の中で、子どものことばの力を育てるコツ

乳幼児期は、子どもの「ことばの力」を伸ばすのに工夫が必要です。**読み聞かせももちろんですが、お勧めしたいのは、「二語文」で話しかけること。**

二語文とは、例えば「シール」＋「貼る」など、二つの語句で構成された文のこと。子どもに指示をする際に、「この真ん中あたりに、ぴたっとシールを貼ってみようか」などと話しかけるお母さんがいますが、乳幼児の場合は話が長すぎて理解できず、きょとんとしてしまいます。**「シールを貼ろう」と短い二語文でゆっくり話すと、子どもにも理解でき、聞く能力も高まります。**

「聞く」ことができるようになると、ことばの内容が「わかる」ようにもなります。これが、子どものことばを育てる基本です。

なお、**二語文で伝える際は、0歳児であってもあえて助詞を入れましょう。**「お風呂入ろう」「お風呂入る？」など、日常会話の中では助詞が入っていなくても意味は通じますが、きちんと「お風呂〝に〟入ろう」「お風呂〝に〟入る？」と伝えることで、子どもは自然に助詞を意識し、使うことができるようになります。

実は、**助詞を意識した経験がなく、読み聞かせも足りない子どもが、学習を通じて助詞を習得するのは非常に大変なのです。**慌ただしい日常生活の中、助詞をつい省きがちになりますが、「パンツはこう」ではなく「パンツをはこう」、「お皿取って」ではなく「お皿を取って」、「公園行こう」ではなく「公園に行こう」など、日常生活の中で自然に助詞に触れさせることを心がけてください。

そして**「ことばを育てる遊び」としてお勧めなのが、しりとりです。**

小学校低学年までに習得する語彙が一生の学力に影響するといわれていますが、しりとりは、語彙を増やすのにうってつけなのです。

ゆっくり
シールを貼ろう
うん

しりとりには勝ち負けがあるので、子どもは自分の知っていることばを一生懸命絞り出して頑張ります。その際、**親は子どもが知らないような難しいことばをあえて使うと、子どもの言葉の幅が広がります。**

例えばですが、「履物」「栓抜き」「文無し」「小包」「八百屋」「浄瑠璃」…などなど、挙げればきりがありませんが、**それを聞いた子どもはことばの武器を増やしたくて新しいことばをどんどん覚えます。**子どもの知識の一歩先のことばを、どんどん使うようにしましょう。

●漢字はなぞれたらOK、まずは「読む力」を身につける

能力の高い子どもほど、書く力より読む力のほうが先に身につきます。自分の年齢のレベルを超えた文章を読み、解釈できるようになるのです。

私が教室で出すプリントも、学校のテストもそうですが、年齢が上がるほど答えを書く欄は小さくなりますし、出題される漢字も複雑になります。よく子どもが、画数の多い漢字を

欄からはみ出して書いているのを見かけますが、「読む力」が育つスピードに「書く力」が追いつけていないのです。

子どもの手首の力がつき、動きが安定するのは12歳ごろといわれており、「漢字は読めるのに、うまく書けない」という子どもは少なくありません。**運筆力がまだ育っていないのに、子どもに無理に難しい漢字を書かせようとすると、子どもは書くこと自体が嫌いになります。**「なぜ読めるのに書けないの？」と怒る親御さんもいますが、逆効果です。

とはいえ、「うまく書けない」という理由だけで学習のレベルを落としてしまうのはもったいない。前述のように楽しく読み聞かせをすることで子どもを本好きにして「読む力」を鍛えながら、徐々に運筆力をつけていきましょう。

まずは、**漢字はなぞることができたらＯＫ**。次のステップは、漢字を見ながら書き写していきましょう。初めはうまく書けなくても、読む力を後追いするように、少しずつ着実に書く力もついてきます。

算数

日常生活の中で「数字」に慣れ親しませる

娘たちが幼かったころ、うちにはあまりお金がありませんでした。子どもにお金がかかるのに、2人ともまだ小さくてパートにも出られない。限られたお給料をやりくりし、節約しながら生活していました。

娘たちのおやつの定番は、35円のラムネ菓子。しかし、ある日「アンパンマンラムネがほしい！」と言い出しました。子どもが持ちやすい筒状のかわいらしい容器に、キャラクター型のラムネがたくさん入っているお菓子で、お友だちが食べているのを見てほしくなったようです。近所のお菓子屋さんで売っていたアンパンマンラムネの価格は、124円。毎日そんな高いラムネを買って与えるわけにはいきません。そこで私はひらめきました。**「子どもと一緒に1円貯金を始めよう！」**

家計用の財布の中に1円玉が入っていたら、コーヒーの空きビンに移して貯めていき、「これが124円貯まったら、アンパンラムネを買いに行こうね」と伝えたのです。娘たちは大喜び！　貯まるのが嬉しくて、2人で毎日空きビンをひっくり返しては1円玉を数えるようになりました。そのうち、10円ずつわけると計算しやすいことに気づきました。十進法の知識も、このときの経験がベースになって身についたようです。

ようやく124円貯まり、念願のアンパンマンラムネを買いに行きました。でも、買えるのは1本のみ。中身を2人でわけなければなりません。不平等があっては大変と、娘たちは慎重に「ひとつ、ふたつ…」と数えながら2等分し、念願のラムネを笑顔で味わっていました。小さいころのこのような日常が、数の感覚を育てたのでしょう。2人とも、数学が大の得意科目になりました。

数に強い子どもに育てたいならば、幼児期にぜひ、この1円貯金を試してみてください。「数の勉強をしよう」「これを数えなさい」などと言わなくても、子どもが自分から進んで数を数えるようになります。

●子どもの「欲」を絡めると、必死に自分から学ぶ

アンパンマンラムネもそうですが、お菓子が絡むと子どもは一生懸命取り組むようになります。

お友だちがうちに遊びに来ることになったら、人数分のおやつを子どもにセットさせましょう。**3種類以上の袋入りのお菓子を準備し、これを子どもに人数分にわけさせるのです。**

自分の取り分が少なくなるのも嫌でしょうが、「自分が多くて友だちの分が少ない」というのもおおごとです。子どもは一生懸命数えながら、おやつを振りわけるようになります。

数に強くなるだけでなく、割り算のおけいこにもなるのでお勧めです。

駄菓子屋に行くのも、お勧めです。

小学校の算数で最も難しいのは分数計算ですが、実は2ケタで割る割り算に苦しむ子どもが大変多いのです。駄菓子屋は、安いお菓子の宝庫。少額のお金を渡し、やりくりしながら

好きな駄菓子を買うという経験を積むと、2ケタの割り算もすんなり覚えられるようになります。

小学3年生の歩斗《あゆと》くんは、2ケタの割り算が大の苦手。商を立てることに難しさを感じていました。

ある日教室で、「駄菓子屋へ行きました。歩斗くんは60円を持っています。21円の飴を何個買うことができる?」という問題を出したのですが、問題自体をあまり理解していない様子。なんと「駄菓子屋へ行ったことも、自分で買い物をした経験もない」とのことでした。加えて、歩斗君は一人っ子。日常生活で「わける」という経験が乏しいため、割り算そのものがピンとこなかったのです。

ある三人兄弟は、3人とも「3の割り算はすぐできる」と言いました。日常生活の中で、常に3で割ったり3でかけたりしているからです。

数に触れるため、小さなころから「自分でものを買う経験」を積ませるのはお勧め。駄菓子屋であれば一つのお菓子が10円20円程度で家計への負担も少なく、子どもの計算力も養えるでしょう。

普段のお買い物に子どもを連れて行き、自然に計算するよう仕向けるのもお勧めです。

娘たちが小学生のころ、2人の間でアメリカンチェリーが憧れの的になったことがありました。でも、一番安いものでも298円。ほかのフルーツに比べて少し高く、そうそう買ってあげることはできません。

そこで、買い物に娘たちを連れていき、「今日の予算は2000円。もしお金が余ったら、アメリカンチェリーを買おうね」と伝えました。娘たちは大喜びで、一番お得な野菜や調味料を探し、「こっちが安い」「いやこっちのほうが量が多い」などと値段と量を見比べながら一生懸命足し算をします（もちろん、私もこっそり計算しながら、お金が余るように気を配ります）。

その結果、298円以上余らせることができた2人は、「ママ、これならアメリカンチェリー買えるよ！」と大喜び。いつの間にか、暗算が得意になりました。

●「風船遊び」で数を数える力を伸ばす

娘たちが幼児期のころ、よく社宅の六畳間で風船遊びをしました。**風船遊びは「数の勉強」になる**からです。

風船を膨らませて手で打ち合い、何回ラリーが続いたか数えながら遊びます。あくまで遊びですから、楽しくなくてはいけません。娘たちがどんな場所に打ち返してきても、私は必ず打ち返します。

無理だろうと予測したものを打ち返されると、子どもたちは盛り上がり、きゃあきゃあと喜びます。そして、「ママ、記録を作ろうよ！」と何度も遊びを繰り返すようになりました。

1回、2回、3回…と打ち返していき、前回の記録を超えると「やったー！」とみんなで大興奮。そして次はもっとたくさん打ち返し、記録を更新しようとします。そんなことを繰り返すうち、気がついたら2人とも100まで数えられるようになっていました。

30以上の数を数えるのが苦手な子どもは、実はとても多いです。多くの家にはカレンダーが貼ってありますが、31以上の数がないのでそれ以上数える機会がないのです。この風船遊びのように、親子でわいわい楽しく遊びながら、無理なく「数える力」を伸ばしましょう。

英語

幼児期から多くのことばに触れることで「英語脳」を作る

人の大脳には、「ウェルニッケ野」という言語を理解する働きのある部位があります。日本語と英語では周波数が異なるため、本来はウェルニッケ野内の別の場所で、それぞれ記憶されます。

小さい子どものうちは、ウェルニッケ野が成長段階にあるため、英語を聞いたらそれがすっと頭に入り、「英語を英語のまま理解する」ことができます。子どもに英語を聞かせると、抵抗感なく素直に「Apple!」「Dog!」などと繰り返しますよね。「Apple」は「リンゴ」で、「Dog」は「犬」、などと考えるより先に英語が頭に入っているのです。

しかし、ある程度年齢を重ねて、一定の臨界期を越えてしまうと、このウェルニッケ野の中の「英語を記憶する分野」が退化してしまいます。すなわち、いくら英語を覚えようとしても英語脳が退化しているから日本語脳で覚えるしかなく、「英語をいちいち日本語に訳して記憶する」ようになります。

そうなると、英語を聞いてもすっと頭に入らず、「何を言っているのかわからない」と抵抗感を覚えるようになります。

この「臨界期」には諸説あり、7歳という説や14歳という説もありますが、私の経験上から言えば、10歳を超えると英語を聞き取りにくくなる子どもが増えるように感じます。できるだけ幼いうちから英語に触れる機会を作り、「英語脳」を育成しましょう。

英語脳を作るために必要なのは、「シャドーイング」（聞いて復唱する）です。何度もシャドーイングすることで、脳に「これは英語という言語だ」と認識させ、英語脳を育てるのです。

子どもは聞いたままに発音しているので、たとえ発音が少し違っていると感じても大人が直してはいけません。たくさんのことばをシャドーイングしていくうちに、やがて精度が上がっていきます。

そして**シャドーイングに慣れ、精度が上がってきたら、「シャドーイング＋書く」を始めるといいでしょう。**Dogと聞いて、「Dog」と復唱し、そしてそれを書く。このトレーニングを繰り返していくと、いちいち「犬」と頭の中で訳さないでも知識として脳に定着します。

●小学校低学年までは文法を教え込まない

小学校の低学年までは、子どもは英語を感覚で覚えます。ある程度学習が進むと、「ｂｅ動詞について説明しなさい」などと質問する親御さんがいますが、子どもの能力を試そうとしてはいけません。

なぜダメなのかは、日本語で考えるとわかりやすいです。日本語を覚えるときに、わざわざ品詞分解して「これは名詞、これは助動詞…」などとは考えないですよね？　たくさんの日本語に触れるうちに、自然にことばを覚えていくものです。

英語も同じ。**小さいうちは英語に触れることを重視し、10歳をすぎて頭がロジカルになってから文法を整理すればいいのです。**

●読み聞かせに「英語の絵本」も取り入れよう

「国語」の項目で、「読書力を育てるには絵本の読み聞かせが重要」とお伝えしましたが、英語脳を育てるのにも読み聞かせが効果的です。

英語の絵本には、音源がついているものもありますが、親の声で大丈夫。発音に自信がなくても、親が読んであげると子どもは喜びます。英語の絵本であっても、親と子どもが楽しい時間を共有することが何より大切なのです。**音源を使う際も、音源を真似して親が読むなど、音源に任せきりにしないようにしましょう。**

子どもたちに人気の英語の絵本は、**『Where's the Fish?（きんぎょがにげた）』（五味太郎著／福音館書店）**です。

「Where's the Fish?」が繰り返され、絵の中から金魚を探すのですが、子どもたちは夢中になって探し、指をさします。同じ言い回しが繰り返し出てくると、子どもは難しく感じません。そのうちに何を意味しているのか、何となくわかるようになりますので、リズムよく読んであげるといいでしょう。

●5歳から英語の朝学習を始めた舞佳《まいか》さんの場合

舞佳さんは5歳から英語の朝学習を始めましたが、特筆すべきはその量。私の教室で学ぶ生徒さんの平均学習量の2倍をさらりと学習していました。多い日は、3日間で130枚のプリントをこなしてきたこともありました。5歳にしては少しハイペースで心配しましたが、お母さんも舞佳さんも頑張っていました。

すると、1カ月ほどたったころ、急に記憶力がぐんと伸び始めました。英語の学習をすると、読むもの読むものすべて頭に入っていき、その後文法も難なく習得。たった7カ月で中学生レベルの学習を修了してしまったのです。そして、朝学習デビューしてから1年1カ月、高校中級程度とされている英語検定の準2級レベルの学習を修了しました。

英語習得には「量」が有効です。きちんと覚えながら量をこなすことができれば、驚くほど短期間で学習効果が上がることを、舞佳さんは教えてくれました。

●娘が生まれてすぐに英語の絵本の読み聞かせをした西川さんの場合

真央《まお》さんと真衣《まい》さん姉妹を育てる西川さんは、娘が生まれてすぐに日本語だけでなく英語の絵本の読み聞かせを始めました。脳に刺激を与えるため、**読み聞かせをしながらシャンソン（フランス語の歌曲）やリート（ドイツ語の歌曲）を聞かせていた**そうです。

お姉さんの真央さんが好きだった絵本は、『**ELEPHANT BLUE（ぞうくんのさんぽ）**』（**中野弘隆著／福音館書店**）。ぞうさんの絵が大好きで、何度も読み聞かせをせがまれました。日常生活の中で「英語を話す・聞く」が当たり前になり、いつのまにか英語を英語のまま読んだり聞いたりすることができるように。小学3年生のときには高校生レベルの英語を学習するまでになりました。

高校生になると、英語が一番の得意科目に。高校3年生のときには、「受験勉強にもなるから」と洋書を読み漁り、『**HOLES**』（**ルイス・サッカー著**）を愛読していました。

妹の真衣さんは「ハリー・ポッター」シリーズが大好きで、小学校に上がったころから映画のＤＶＤは日本語字幕バージョンで観ていました。そして小学2年生のころ、「字幕が違う」と言い出しました。日本語の字幕が意訳であることに気づいたのです。

同時期に、たまたまイタリア語講座のテレビをつけていたら、「これは英語じゃないね」と。いろいろな国のことばを聞き分け解釈できていることに、お母さんは大変驚いたそうです。

理科

日常生活の中で、理科の実体験を積む

理科は、日常生活を通して楽しく学ぶことができる科目です。生活体験が豊富な子は、教科書を読むだけで実体験を思い出し、理解を深めることができます。
日々の生活の中にある学びのチャンスを逃さず、体験につなげましょう。

●お風呂で「浮力」を学ぶ

お風呂に入るときには、いろいろな形のペットボトルを持ち込み、お湯の移し替えをしてみましょう。これで、子どもに「液体の量」を学ばせることができます。

そして、ペットボトルにお湯を入れてふたをして湯船に浮かべると、浮かび方はどう変わるのか観察させましょう。家の中のいろいろなものを浮かべさせ、何が沈むのか観察させる

のもお勧め。子どもなりに、「どうしてこれは浮かび、これは沈むのか」を考え始めます。**子どもの頭の中に「なぜ？」が浮かんだときは、子どもが賢くなるチャンス。**「なぜこれは浮くの？」「なぜ同じペットボトルなのに浮き方に差があるの？」などと質問されたら一緒に調べ、学ぶといいでしょう。

●メダカや虫を飼う、花を育てるなどして「生態」に触れる

魚や虫などを飼って一緒にお世話をしてみましょう。メダカが卵を産んだら、子どもよりも親のほうが喜んでみせ、どうやってお世話をすればいいのか子どもと調べてみましょう。机上で「これがオス、これがメス」などと覚えるよりも、メスが産卵しお腹に卵をつけて泳いでいる姿を見せ、ワクワク楽しみながら生態を勉強するほうが断然頭に入ります。

球根を植えたり、種を蒔いたりして植物を育てるのもお勧めです。植物の日々の成長を、親子で楽しみましょう。

お勧めしたいのは、双子葉で合弁花の朝顔とひまわり、双子葉で離弁花のパンジー、単子葉のチューリップです。植物の分類は覚えにくいものですが、日々お世話をして観察日記をつけると、特徴がよくわかります。

花が咲いた後は、枯れた後どうなるかも観察するといいでしょう。チューリップなどの球根植物は、花が枯れたら茎を折って球根に養分を蓄えると、来年もまた美しい花を楽しむことができます。

●理科が大好きだった弁護士の卵・裕次郎さんの場合

東大法科大学院で学び、弁護士を目指している裕次郎さんは大変な物知りです。

例えば、「蚊にかまれたのにかゆくない」と言うと、「かゆくないならヒトスジシマカだね」といった具合。

彼は、幼少期に『**まんがこども大百科**』**(集英社)**を常に持ち歩き、わからないことがあるたびにページをめくっていたそうです。電子辞書やスマホは軽くて便利ですが、紙の本だと、前回に調べた痕跡などから記憶同士が結びつき、より記憶に残りやすいようです。

裕次郎さんに倣って、**お散歩には図鑑を持っていきましょう。道端の花の名前や虫の名前も、すぐに調べることができます。**

●2人の子どものお父さん、多田さんの場合

多田さんは大変教育熱心なお父さんです。現在、娘さんは中学2年生、息子さんは小学5年生ですが、2人が小さいころから、日常生活の中で学びの機会を与えることを大事にしていました。

毎年夏休みは、キャンプが恒例行事。普段はできない川遊び、星空の観察、虫取りなどを楽しみ、自然の中での遊びを通してさまざまなことを学ばせました。

虫取りは、まず子どもたちが捕まえたい虫がどういうところにいるのか調べることからス

タート。そして一緒に戦略を立て、罠《わな》を作り、虫を追い込みながら捕まえます。子どもは楽しみながら、虫の形状や生態などを学ぶことができました。

カブトムシやクワガタを捕まえられたときは、持ち帰って子どもたちがお世話をして、卵をふ化させたそうです。そして死んでしまったら中性洗剤で丁寧に洗い、乾燥させて標本にしました。

自然に触れられるキャンプは、学びの宝庫です。キャンプ場を利用すれば、衛生的で安全も確保されており、お風呂は近くの温泉を利用することができます。さまざまな体験施設が隣接しているところも多いので、夏休みのレジャーとしてお勧めです。

●有名私立高校2年生・秀也《ひでや》さんの場合

有名私立高校でトップクラスの成績を収める秀也さんは、特に理数系が得意。趣味はパソコンを一から組み立てることだそうです。

そんな秀也さんが9歳のころ、お父さんと一緒にパソコン工房に通うようになりました。実は、お父さんの趣味がパソコン。たくさんのパーツを集め、ハイスペックなパソコンを自分の手で作るのが趣味だったことから、休日のたびに、まだ小さい秀也さんを連れていったそうです。

親が楽しそうにしている姿を見て、子どもは興味を覚えます。秀也さんもあっという間にパソコンに詳しくなり、お父さんを超える知識を誇るようになりました。「自分で作れば、1台6万円ぐらいでできるよ」と私に教えてくれました。

子どもの将来に役立ちそうな趣味であれば、子どもを巻き込んでみるのもお勧めです。親が苦手なことを無理に教えるよりも、親がワクワク楽しんでいるもののほうが、子どもはどんどん吸収します。

●天文学者の父を持つ、賢さんと優さんの場合

賢さんは小学生のころ、大好きな恐竜など複雑な形状の折り紙を折ることで知られ、「折り紙博士」「恐竜博士」と呼ばれていました。小さなころに買ってもらった**図鑑『恐竜』『大むかしの生物』（小学館）**、**絵本『ティラノサウルス』（金の星社）**がきっかけだそうです。知識がつき、恐竜博士と呼ばれるようになった後は、**『決着！　恐竜絶滅論争』（岩波科学ライブラリー）**など、より専門的な本を与えたそうです。

妹の優さんは、私の教室で初めて足し算の式を見たときに、「このマーク、見たことある！」といって陽イオン（＋）と陰イオン（−）を書いてくれました。足し算を知らない幼児が、なぜイオン式を知っているのだろうと大変驚きました。お母さんによると、「おそらく、お父さんの本を目にして覚えたのではないか」とのことでした。

2人に理科に興味を持たせるため、ご両親は、お風呂の中で**『じゃぐちをあけると』（福

音館書店）を参考に、コップやスプーンを持ち込んで学習をさせました。

そして賢さんが小学4年生、優さんが小学2年生のとき、2人に原子番号や元素記号が紹介されている『**周期表**』**（玉川大学出版部）**を買い与えました。それがあまりに面白かったらしく、2人に求められるがままにシリーズでそろえたそうです。

お父さんが出張で出向いたイギリスのお土産は、**大英博物館の図鑑『DINOSAURS』**。科学博物館にもよく行き、解説書も読ませました。

子どもたちが小さいころ、お父さんはガチャガチャの透明ケースを使って2人をお風呂で遊ばせ、浮力について説明したそうです。**2人の「なんで？」「どうして？」を聞き流さず、一つひとつ丁寧に答えることで、興味をどんどん引き出しました。**

パソコンは、2人が3歳になったころから使わせていました。調べる意図があったら自分で検索させ、子ども向けスクリーニングソフトを使ってメールのやりとりをしてローマ字も覚えさせました。賢さんが小学校低学年で複雑な折り紙を折れるようになったのは、折り方を調べて画面を見ながら練習したからだそうです。

優さんは、小学2年生のときに**アニメ「アンネの日記」**を観て第二次世界大戦に興味を持ちました。その直後、8月6日の広島の原爆記念式典をテレビで観て、さらに興味を持ち、本やインターネットで原爆について調べ、知識を深めたそうです。

現在、賢さんは高校生、優さんは中学生。2人とも非常に優秀で、理系志望だそうです。

社会

経験＋ワクワクで賢くなる

私が教えている子どもたちの親御さんに、**「もう一度子育てできるとしたら、何をしますか？」と聞かれる**ことがあります。

そんなとき、私は**「家族旅行」**と答えています。

テーマパークで遊んだり、お買い物をしたりすることが目的ではありません。**子どもが興味を持ったことにとことんつきあうような旅行です。**例えばですが、恐竜が好きな子どもだったら、福井県の恐竜博物館に行く、飛行機に興味があったら飛行機に乗る旅をする…というような。子どもの興味につきあい、それを家族で楽しみ、思い出を共有することは、子どもが思春期になったときにも心を安定させる助けになると思っています。

旅行では、いい宿に泊まったり、豪華な食事を楽しんだりするのもいいですが、それより**たくさんの写真を撮りましょう。**それを見返しながらみんなで「あのときはこうだったね」と楽しく話すことが、記憶をより鮮明にしてくれます。日本地図を広げ、家族で訪れた地に印をつけていくのもいいですね。

●小学生のときから歴史好きだった高校2年生・圭人《けいと》さんの場合

圭人さんは有名私立高校に通う高校2年生。小学5年生のときに『**源平争乱　群雄ビジュ**

アル百科』（ポプラ社）を読んだことがきっかけで歴史にハマり、小学生にして**歴史雑誌「歴史人」（KKベストセラーズ）**を購読するようになりました。

「歴史人」の記事は、小学生には難しい漢字も多かったようですが、圭人さんは自分なりに解釈して読み進めていたそうです。お母さんは漢字の読み間違いがあることに気づいていましたが、「これだけ熱中して読んでいるものなのだから」と口を出すのは控え、代わりに**〝まんがで読破〟シリーズの『解体新書』『日本国憲法』『老子』『学問のすすめ』（イースト・プレス）**などをトイレに置いておきました。

そこから圭人さんは近代史・現代史、政治にも興味を持つようになり、**「歴史秘話ヒストリア」（NHK）**など歴史もののテレビ番組をチェックしては録画して、ご飯どきや休憩時に観ていました。新聞に歴史関連の記事があれば、切り取ってスクラップ。歴史や政治に関する知識が増えるにつれ、圭人さんはお父さんを相手に自分の意見を言い、議論するようになりました。

そんな圭人さんの興味を伸ばすため、**家族旅行の行き先は城や歴史的建造物がある土地。**いずれも、日常会話の中で「行きたいなあ」と言っていたところです。自宅から比較的近い姫路城には、数えきれないくらい足を運んだそうです。このように、普段から子どもの興味の対象をつかみ、親がそれにつきあい続けることで、子どもはどんどん興味を深め、かつ興味の幅を広げていきます。高校2年生の圭人さんは、日本史の成績は学年トップクラスだそうです。

なお、圭人さんのお母さんは、彼が自分の歴史観を話し始めると、決して口を挟まず楽しそうに聞き続けたそうです。お母さんがいちいち、「歴史人」の漢字の読み間違いを指摘していたら、こんなに歴史への興味を深められていなかったかもしれません。

●東大法学部で学ぶ政治家の卵・哲史《てつし》さんの場合

将来は政治家を目指す哲史さんも、小学生のときに歴史にハマりました。きっかけは、江戸幕府第14代将軍の徳川家茂。社会科の授業で先生が「徳川家茂が…」と説明し始めたとき、同じクラスの友だちが「いえもち！」とふざけて叫び、その響きの面白さにクラス全員が大爆笑。それを機にハマったのだそうです。

クラスの男子ほぼ全員で「家茂教」なる架空の宗教を作り、「大家茂共和国」なる仮想国家を作り、その憲法まで作ったそうです。子どもの熱量は、不思議なところで発揮されることがありますね。哲史さんの小学5～6年生は、ほぼ「家茂」とともにあったそうです。

ちょうどそのころ、ＮＨＫの大河ドラマは「篤姫」でした。家茂が主要人物として登場するため、毎回欠かさず観ていました。そして当時、江戸東京博物館で開催されていた「徳川家茂とその時代展」にも足を運んだそうです。

そこから徳川幕府自体に興味を持ち、全15代の将軍名をすべて暗記したほか、歴代内閣総理大臣、歴代天皇の名前も暗記。初めは面白半分で興味を持った「家茂」のおかげで、遊びと勉強がリンクし、どんどん「歴史って面白い」とハマっていったのです。

そんな中、哲史さんは歴史の授業で「違和感」を覚える経験をします。満州国不承認をめぐる松岡洋右・日本首席全権の国際連盟脱退を学んでいる際に、先生が「バカだよな」と言い、クラス中が大笑いしました。しかし哲史さんは、「仮にも日本の代表としていった人の決断を、たかが小学6年生の自分たちが笑っていいのだろうか」と疑問に思ったのだそうです。

それまでは、「先生の言うことはすべて正しい」と思っていましたが、この出来事を機に「自分の意見・考え」を持つようになったのだとか。「机上の勉強」としてではなく、自分の存在を歴史の文脈の中に置き、「自分は歴史にどうかかわっているのか」と考えるようになったのだそうです。

そんな哲史さんに聞いたお勧めの歴史本は、小学生ならば**『学習まんが日本の歴史』（集英社）**。高校生になったら**『日本史講義2時代の特徴と展開』（駿台受験シリーズ）**、**E・H・カー『歴史とは何か』（岩波新書）**、**『時代と流れで覚える！世界史B用語』（文英堂）**。いずれも歴史をただの暗記項目としてではなく、その出来事がどのような社会を作り、どのように文化と関係しているのか、歴史の文脈として捉えやすくなる本なのだそうです。

なお、彼のご両親は、哲史さんが興味を持ったことについてはすべて応援してくれたとのこと。学んだことを一方的に話し続けても、ずっと耳を傾けてくれたことに、哲史さんは今でも感謝しているそうです。

●東大法科大学院で学び、弁護士を目指している裕次郎さんの場合

「理科」の項目にもご登場いただいた裕次郎さんは、子どものころから電車が大好きでした。お父さんが電車好きで、裕次郎さんを連れてよく電車を見に行ったり、乗ったりしていたのだそうです。家族旅行ももっぱら電車で移動。移動中に家族で眺めた日本各地の地図に興味を持ち、そこから世界各国や世界遺産についても興味が広がっていきました。

その後、小学校に上がり歴史を学びましたが、裕次郎さんの中で初めから「出来事と場所」が結びついていたため、成績は非常に良かったそうです。当時好きだった本は、**WONDER-PALシリーズの『世界遺産ふしぎ探検大図鑑』『世界の国ぐに探検大図鑑』『にっぽん探検大図鑑』（いずれも小学館）**。そして図書館で読んで面白かったので買ってもらった**『朝日ジュニア百科年鑑』（朝日新聞社）**は、日本の論点が子どもにもわかりやすいように書かれて

いるので特にお勧めだそうです。ちなみに、歴史本のデビューは『**ドラえもんの社会科おもしろ攻略　日本の歴史15人**』（**小学館**）だそうです。

子どもの興味を尊重してくれるご両親に褒めて育てられた裕次郎さんは、正義感が強く優しい青年に成長。高校1年生のとき、学校で催された「弁護士と語る人生教室」の場で模擬裁判を経験し、弁護士という仕事の社会的意義に感動、弁護士を目指すようになりました。「皆が幸せになることを目指す弁護士」になりたいそうです。

おわりに お母さんへのメッセージ

ここまで、「朝15分学習法」のメリットや方法、そして「朝15分学習法」を実践した子どもたちの事例をお話ししてきました。同じような境遇のお子さんの事例もあったのではないかと思います。ぜひ、基本の学習方法をベースにしながら、事例を参考に応用していただければと思います。

子どもが言うことを聞かない、なかなか勉強しない…大なり小なり、どの親御さんも抱えている悩みです。でも、お母さんが焦ったり、悩んだり、怒ったりしていては、子どもは反発し、机にも向かってくれません。

最後に改めて、お母さん方にお伝えしたいことをまとめました。いずれもたくさんの子どもたちを見てきた学習教室の指導者として、そして子育ての先輩として、強く思っていることです。

「テストの成績で叱りすぎると、本番に弱い子に育つ」

親が子どものテストの結果に過剰に反応し、できなかったところを責める、失敗を叱ると、普段はできるのにテストになると結果の出せない子になります。

同様に、**子どもの言動を否定して育てると自己肯定感の低い子になるので注意が必要です。**子どもは言動を否定されると、「自分のやりたいこと」ではなく、「親に叱られないこと」を選ぶようになり、可能性の芽を摘むことになります。また、ほかの人に謙遜するつもりであっても、子どもの前で「できがわるい」など言ってはいけません。子どもはがっかりしてやる気を失います。やる気を失って努力をしなくなると成績も下がります。

子どもの価値観は、親が作ります。一番にならなければいけないと親が言うと子どももそうしなければいけないんだと思い、苦しみます。親の価値観にがんじがらめにされて苦しんでいる子どもはたくさんいます。**子どもを笑顔で見守り、肯定して育ててください。お母さ**

んが温かく接してくれることが、子どもは一番嬉しいのです。

「寝る時間と起きる時間を固定する」

本編中でも何度も触れましたが、これはやはり最大の「肝」です。賢くなる子は心も体も健康です。新学期が始まったとき、学校行事があるときなど、子どもなりに気疲れしています。睡眠時間をしっかり確保されている子どもは、翌日に疲れを持ち越しません。そのためにも小さいころから、寝る時間、起きる時間はしっかり固定してください。

「4歳までに我慢を教える」

4歳をすぎると、教室でのふさわしい態度などを覚えさせるのが大変になります。大人の指示に従うこと、我慢をすること、待つことなど、基本的なしつけは4歳までに教えましょう。それができていれば、学習の姿勢も定着しやすくなります。

一方で、**子どもが興味を示したことにはとことんつきあいましょう。**問題集だけが勉強ではありません。日常生活の中で子どもの興味の矛先を探り、興味を示したらお母さんも一緒に楽しんでしまいましょう。お母さんが笑顔で、楽しむこと。これが子どもの好奇心を刺激し、興味の幅を広げます。これが学習習慣にもつながるのです。

「お母さんの笑顔は、子どもの精神安定剤」

最後に…これが最も伝えたいことです。

同じ状況でも、お母さんが平気ならば子どもも平気。でも、お母さんが苦しんだり悲しんだりすると、子どもも苦しいし悲しいのです。教室でも、子どもの心が乱れているときはたいていお母さんの心に余裕がないときです。

笑顔いっぱいの楽しい家庭は子どもの安心できる場所。家庭が穏やかで安定していると子どもの心も安定します。つらいときも、子どもの前ではどうか笑顔で。それが子どもの力を伸ばす土台になります。

2020年9月

ふくもとさわこ

［著者］
ふくもとさわこ
1969年兵庫県姫路市生まれ。神戸女学院大学卒。大学卒業後は金融機関に勤務し、結婚を機に専業主婦に。
我が子が小学生になり親の手が離れたタイミングで、子育ての経験が生かせ、能力開発ができる0歳からの大手学習塾チェーンで教室を開校。指導生徒数延べ6万5000人以上。一生時計は読めないと医師に告げられた子が時計を読めるようになるなど、どの子も賢くなると評判となり、加古川市にある地元密着型の寺子屋方式の塾でありながら、近隣の町だけでなく、神戸市や明石市、高砂市、姫路市からも生徒が集まっている。直近の6年間だけでも、卒業生の合格実績は東大3名、京大2名ほか、国公立、早慶、ＭＡＲＣＨ、関関同立など多数。
お母さんの笑顔が賢い子に育てるのに重要な要因であることから、お母さんの不安や悩みを取り除き、笑顔にするための面談を熱心に行う。今までに延べ7000人以上にアドバイス。面談では子どもの学習法にとどまらず、効率的な家事の仕方、生活習慣、夫婦のこと、お姑さんとの付き合い方、職場の悩み相談にものる。そんな中、生まれたのが朝15分学習法。著者自身が我が子に学校に行く前に学習させていたやり方を、フルタイムで働くお母さんでも、子どもが幼児でも小学生でもできるようにメソッド化したもの。朝学習する習慣がつけば、中学生になっても自分で早起きができ、テスト前など必要があれば夜更かしでなく早起きして学習するようになる。お母さん自身の家事、仕事、子育ても楽になり、毎朝子どもと時間を共有するので親子の絆も深まるメソッドである。
笑顔いっぱいで賢い子になる子育てを世界中に広めるために日々奮闘中。

頭がよくなる朝15分学習法

2020年9月15日　第１刷発行

著　者――ふくもとさわこ
発行所――ダイヤモンド社
〒150-8409　東京都渋谷区神宮前6-12-17
https://www.diamond.co.jp/
電話／03･5778･7233（編集）　03･5778･7240（販売）
構成――伊藤理子
装丁――井上新八
カバー・本文イラスト――荒木慎司
本文デザイン――中井辰也
製作進行――ダイヤモンド・グラフィック社
印刷――ベクトル印刷
製本――ブックアート
編集担当――土江英明

ISBN 978-4-478-10716-4